Bucătăria Dulce 2023

Rețete de prăjituri pentru toate ocaziile

Lili Birău

CUPRINS

Tort de cafea

Face un tort de 20 cm/8in

100 g/4 oz/½ cană unt sau margarină, înmuiată

100 g/4 oz/½ cană de zahăr (superfin).

2 oua, batute usor

2,5 ml/½ linguriță esență de cafea (extract) sau cafea neagră tare

150 g/5 oz/1¼ cani de făină auto-crescătoare

2,5 ml/½ linguriță praf de copt

Glazură cu unt de cafea

30 ml/2 linguri amestecuri de nuci tocate (optional)

Bateți untul sau margarina și zahărul până devine ușor și pufos. Bateți treptat ouăle și esența de cafea, apoi adăugați făina și praful de copt. Se pune în două tavi unse și tapetate de 20 cm/8 inchi și se coace într-un cuptor preîncălzit la 160°C/325°F/marca de gaz 3 timp de 20 de minute până când devine elastic la atingere. Se lasa sa se raceasca in forme timp de 4 minute si apoi se transfera pe un gratar pentru a se raci. Sandvișează prăjiturile împreună cu jumătate din glazură de unt, se întinde deasupra restul și se marchează modelele cu o furculiță. Stropiți cu nuci dacă doriți.

Tort Streusel de cafea

Face un tort de 20 cm/8in

50 g/2 oz/¼ cană unt sau margarină, moale

100 g/4 oz/½ cană de zahăr (superfin).

1 ou, batut usor

10 ml/2 lingurițe esență de cafea (extract)

100 g / 4 oz / 1 cană făină auto-crescătoare

Putina sare

75 g/3 oz/½ cană sultane (stafide aurii)

60 ml/4 linguri lapte Pentru topping:

50 g/2 oz/¼ cană unt sau margarină

30 ml/2 linguri făină (universal)

75 g/3 oz/1/3 cană zahăr brun moale

10 ml/2 linguri de scorțișoară măcinată

50 g/2 oz/½ cană nuci amestecate tocate

Bateţi untul sau margarina şi zahărul până devine uşor şi pufos. Bateţi treptat oul şi esenţa de cafea, apoi adăugaţi făina şi sarea. Se amestecă sultanele şi suficient lapte pentru a obţine o consistenţă netedă.

Pentru topping, frecaţi untul sau margarina în făină, zahăr şi scorţişoară până când amestecul seamănă cu pesmet. Se amestecă nucile. Presăraţi jumătate din topping peste fundul unei forme de tort de 20 cm/8 inci unsă şi tapetată. Încorporaţi amestecul de tort şi stropiţi cu restul de topping. Coaceţi într-un cuptor preîncălzit la 220°C/425°F/marca de gaz 7 timp de 15 minute până când creşte bine şi este elastic la atingere.

Prajitura de picurare de la ferma

Face un tort de 18 cm/7in

225 g / 8 oz / 11/3 cani de fructe amestecate uscate (amestec de prajitura cu fructe)

75 g/3 oz/1/3 cană picurare de carne de vită (scurtare)

150 g/5 oz/2/3 cană zahăr brun moale

250 ml/8 fl oz/1 cană de apă

225 g / 8 oz / 2 căni de făină integrală de grâu (integrală).

5 ml/1 linguriță praf de copt

2,5 ml/½ linguriță bicarbonat (bicarbonat de sodiu)

5 ml/1 lingurita scortisoara macinata

Un praf de nucsoara rasa

Un praf de cuișoare măcinate

Aduceţi fructele, strugurii, zahărul şi apa la fiert într-o cratiţă cu fundul greu şi fierbeţi timp de 10 minute. Lasa sa se raceasca. Se amestecă ingredientele rămase într-un bol, se toarnă amestecul topit şi se amestecă uşor. Se pune într-o tavă de tort unsă şi tapetată cu unsoare de 18 cm/7 şi se coace în cuptorul preîncălzit la 180°C/350°F/Gas Mark 4 timp de 1 oră şi jumătate, până când creşte bine şi se micşorează de pe părţile laterale ale formei.

Turtă dulce americană cu sos de lămâie

Face un tort de 20 cm/8in

225 g/8 oz/1 cană de zahăr (superfin).

50 g/2 oz/¼ cană unt sau margarină, topit

30 ml/2 linguri sirop negru (melasa)

2 albusuri, batute usor

225 g/8 oz/2 căni de făină simplă (universal)

5 ml/1 lingurita bicarbonat (bicarbonat de sodiu)

5 ml/1 lingurita scortisoara macinata

2,5 ml/½ linguriță cuișoare măcinate

1,5 ml/¼ linguriță pudră de ghimbir

Putina sare

250 ml/8 fl oz/1 cană zară

Pentru sos:

100 g/4 oz/½ cană de zahăr (superfin).

30 ml/2 linguri faina de porumb (faina de porumb)

Putina sare

Un praf de nucsoara rasa

250 ml/8 fl oz/1 cană de apă clocotită

15 g/1 lingura unt sau margarina

30 ml/2 linguri suc de lamaie

2,5 ml/½ linguriță coajă de lămâie rasă fin

Se amestecă zahărul, untul sau margarina şi siropul. Se amestecă albuşurile. Se amestecă făina, bicarbonatul de sodiu, condimentele şi sarea. Amestecaţi amestecul de făină şi zara alternativ în amestecul de unt şi zahăr până se omogenizează bine. Se pune intr-o tava de 20 cm unsa si tapeta cu faina si se coace in cuptorul preincalzit la 200°C/400°F/marca 6 timp de 35 de minute pana cand o frigarui introdusa in centru iese curata. Lăsaţi să se răcească în tavă timp de 5 minute înainte de a transfera pe un grătar pentru a se răci. Placinta poate fi servita rece sau calda.

Pentru sos, amestecaţi zahărul, amidonul de porumb, sarea, nucşoara şi apa într-o cratiţă mică la foc mic şi amestecaţi până se omogenizează bine. Se fierbe, amestecând, până când amestecul este gros şi limpede. Adăugaţi untul sau margarina şi sucul de lămâie şi gătiţi până se omogenizează. Se toarnă peste turtă dulce pentru a servi.

Turtă dulce de cafea

Face un tort de 20 cm/8in

200 g / 7 oz / 1¾ cani făină auto-crescătoare

10 ml/2 lingurițe pudră de ghimbir

10 ml/2 lingurite granule de cafea instant

100 ml/4 fl oz/½ cană de apă fierbinte

100 g/4 oz/½ cană unt sau margarină

75 g/3 oz/¼ cană sirop auriu (porumb ușor).

50 g/2 oz/¼ cană zahăr brun moale

2 ouă, bătute

Se amestecă făina și ghimbirul împreună. Dizolva cafeaua in apa fierbinte. Topiți margarina, siropul și zahărul împreună și amestecați cu ingredientele uscate. Se amestecă cafeaua și ouăle. Se toarnă într-o formă de tort de 20 cm/8in unsă și tapetată cu pergament și se coace în cuptorul preîncălzit la 180°C/350°F/Gas Mark 4 timp de 40-45 de minute, până când este bine crescută și elastică la atingere.

Tort cu crema de ghimbir

Face un tort de 20 cm/8in

175 g/6 oz/¾ cană unt sau margarină, moale

150 g/5 oz/2/3 cană zahăr brun moale

3 oua, batute usor

175 g/6 oz/1½ cani de făină auto-crescătoare

15 ml/1 lingură pudră de ghimbir Pentru umplutură:

150 ml/¼ pct/2/3 cană smântână dublă (grea).

15 ml/1 lingura de zahar pudra (de cofetarie), cernut

5 ml/1 linguriță pudră de ghimbir

Bateți untul sau margarina și zahărul până devine ușor și pufos. Adaugam treptat ouale, apoi faina si ghimbirul si amestecam bine. Se pune în două forme unse și tapetate de 20 cm / 8 de pâine și se coace în cuptorul preîncălzit la 180 ° C / 350 ° F / marca gaz 4 timp de 25 de minute, până când se ridică bine și este elastic la atingere. Lasa sa se raceasca.

Bateți smântâna cu zahărul și ghimbirul până se întărește și folosiți pentru a lipi prăjiturile.

Plăcintă cu ghimbir din Liverpool

Face un tort de 20 cm/8in

100 g/4 oz/½ cană unt sau margarină

100 g/4 oz/½ cană zahăr demerara

30 ml/2 linguri sirop auriu (porumb usor).

225 g/8 oz/2 căni de făină simplă (universal)

2,5 ml/½ linguriță bicarbonat (bicarbonat de sodiu)

10 ml/2 lingurițe pudră de ghimbir

2 ouă, bătute

225 g / 8 oz / 11/3 cani sultane (stafide aurii)

50 g/2 oz/½ cană ghimbir cristalizat (confiat), tocat

Topiți untul sau margarina cu zahărul și siropul la foc mic. Se ia de pe foc si se amesteca ingredientele uscate si oul si se amesteca bine. Se amestecă sultanele și ghimbirul. Se pune într-o formă pătrată de tort de 20 cm/8 inci unsă și tapetată cu pergament și se coace în cuptorul preîncălzit la 150°C/300°F/marca gaz 3 timp de 1 oră și jumătate până când devine elastic la atingere. Tortul se poate scufunda putin la mijloc. Se lasa sa se raceasca in forma.

Turtă dulce cu fulgi de ovăz

Face un tort de 35 x 23 cm / 14 x 9 inch

225 g / 8 oz / 2 căni de făină integrală de grâu (integrală).

75 g/3 oz/¾ cană fulgi de ovăz

5 ml/1 lingurita bicarbonat (bicarbonat de sodiu)

5 ml/1 lingurita crema de tartar

15 ml/1 lingură ghimbir măcinat

225 g/1 cană unt sau margarină

225 g/8 oz/1 cană zahăr brun moale

Amestecaţi făina, ovăzul, sifonul, crema de tartru şi ghimbirul într-un castron. Frecaţi untul sau margarina până când amestecul seamănă cu pesmet. Se amestecă zahărul. Apăsaţi bine amestecul într-o formă de tort unsă de 35 x 23 cm/14 x 9 şi coaceţi în cuptorul preîncălzit la 160°C/325°F/marca de gaz 3 timp de 30 de minute până se rumenesc. Tăiaţi în pătrate cât este încă cald şi lăsaţi să se răcească complet în formă.

Turtă dulce portocalie

Face un tort de 23 cm/9in

450 g/1 lb/4 căni de făină simplă (universal)

5 ml/1 lingurita scortisoara macinata

2,5 ml/½ linguriţă pudră de ghimbir

2,5 ml/½ linguriţă bicarbonat (bicarbonat de sodiu)

175 g/6 oz/2/3 cană unt sau margarină

175 g/6 oz/2/3 cană de zahăr (superfin).

75 g/3 oz/½ cană de coajă de portocală glacé (confiată), tocată

Coaja rasă şi suc de ½ portocală mare

175 g/6 oz/½ cană sirop auriu (porumb uşor), încălzit

2 oua, batute usor

Puţin lapte

Se amestecă făina, condimentele și bicarbonatul de sodiu și se amestecă cu untul sau margarina până când amestecul seamănă cu pesmet. Se adaugă zahărul, coaja de portocală și coaja și se face un godeu în centru. Amestecați sucul de portocale și siropul încălzit și amestecați ouăle până când obțineți o consistență netedă, picurând, adăugând puțin lapte dacă este necesar. Se bate bine, apoi se pune într-o tavă pătrată de 23 cm/9in unsă cu uns și se coace în cuptorul preîncălzit la 160°C/325°F/Gas Mark 3 timp de 1 oră până când s-a ridicat bine și este elastic la atingere.

Turtă dulce lipicioasă

Face un tort de 25 cm/10 inchi

275 g/10 oz/2½ căni de făină simplă (toate scopuri)

10 ml/2 linguri de scorțișoară măcinată

5 ml/1 lingurita bicarbonat (bicarbonat de sodiu)

100 g/4 oz/½ cană unt sau margarină

175 g/6 oz/½ cană sirop auriu (porumb ușor).

175 g/6 oz/½ cană melasă neagră (melasă)

100 g/4 oz/½ cană zahăr brun moale

2 ouă, bătute

150 ml/¼ pt/2/3 cană de apă fierbinte

Se amestecă făina, scorțișoara și bicarbonatul de sodiu. Topiți untul sau margarina cu siropul, siropul de melasă și zahărul și adăugați la ingredientele uscate. Se adauga ouale si apa si se amesteca bine. Se toarnă într-o formă de tort unsă și tapetată cu 25 cm/10 cm. Coaceți în cuptorul preîncălzit la 180°C/350°F/gaz marca 4 timp de 40-45 de minute până când crește bine și este elastic la atingere.

Turtă dulce din grâu integral

Face un tort de 18 cm/7in

100 g / 4 oz / 1 cană făină simplă (toate scopuri)

100 g / 4 oz / 1 cană făină integrală (integrală).

50 g/2 oz/¼ cană zahăr brun moale

50 g/2 oz/1/3 cană sultane (stafide aurii)

10 ml/2 lingurițe pudră de ghimbir

5 ml/1 lingurita scortisoara macinata

5 ml/1 lingurita bicarbonat (bicarbonat de sodiu)

Putina sare

100 g/4 oz/½ cană unt sau margarină

30 ml/2 linguri sirop auriu (porumb usor).

30 ml/2 linguri sirop negru (melasa)

1 ou, batut usor

150 ml/¼ pt/2/3 cană lapte

Amestecaţi ingredientele uscate împreună. Topiţi untul sau margarina cu siropul şi siropul de melasă şi amestecaţi ingredientele uscate cu oul şi laptele. Se pune intr-o tava de 18 cm/7 tapetata cu pergament si se coace in cuptorul preincalzit la 160°C/325°F/marcul de gaz 3 timp de 1 ora pana cand devine elastic la atingere.

Prajitura cu miere si migdale

Face un tort de 20 cm/8in

250g/9oz morcovi, rasi

65 g migdale, tocate mărunt

2 oua

100 g / 4 oz / 1/3 cană miere limpede

60 ml/4 linguri ulei

150 ml/¼ pt/2/3 cană lapte

100 g / 4 oz / 1 cană făină integrală (integrală).

25 g/1 oz/¼ cană făină simplă (universal)

10 ml/2 linguri de scorțișoară măcinată

2,5 ml/½ linguriță bicarbonat (bicarbonat de sodiu)

Putina sare

Glazură Lemon Glace

Câteva migdale tăiate (tăiate) pentru a decora

Se amestecă morcovii și nucile împreună. Bateți ouăle într-un castron separat și amestecați mierea, uleiul și laptele. Amestecați morcovii și nucile și adăugați ingredientele uscate. Se pune intr-o tava de 20 cm unsa si tapetata cu pergament si se coace in cuptorul preincalzit la 150°C/300°F/Gas Mark 2 timp de 1-1¼ ore pana se ridica bine si este elastic la atingere. Se lasa sa se raceasca in forma inainte de a le intoarce. Se presară cu glazură de lămâie și se decorează cu migdale tăiate.

Tort cu inghetata de lamaie

Face un tort de 18 cm/7in

100 g/4 oz/½ cană unt sau margarină, înmuiată

100 g/4 oz/½ cană de zahăr (superfin).

2 oua

100 g / 4 oz / 1 cană făină simplă (toate scopuri)

50 g/2 oz/½ cană de orez albit

2,5 ml/½ linguriță praf de copt

Coaja rasă și zeama de la 1 lămâie

100 g zahăr pudră (de cofetarie), cernut

Bateți untul sau margarina și zahărul până devine ușor și pufos. Se amestecă ouăle pe rând, batând bine după fiecare adăugare. Combinați făina, orezul măcinat, praful de copt și coaja de lămâie și amestecați în amestec. Se pune intr-o tava de tort de 18 cm/7 tapetata cu pergament si se coace in cuptorul preincalzit la 180°C/350°F/gaz marca 4 timp de 1 ora pana devine elastic la atingere. Scoateți din formă și lăsați să se răcească.

Se amestecă zahărul pudră cu puțin suc de lămâie până se omogenizează. Se pune peste prajitura si se lasa sa se fixeze.

Inel de ceai cu gheață

Porții 4-6

150 ml/¼ pt/2/3 cană lapte cald

2,5 ml/½ linguriță drojdie uscată

25 g/1 oz/2 linguri (superfin) zahăr tos

25 g/2 linguri de unt sau margarină

225 g/8 oz/2 căni de făină simplă (pâine) tare

1 ou, batut Pentru umplutura:

50 g/2 oz/¼ cană unt sau margarină, moale

50 g/2 oz/¼ cană migdale măcinate

50 g/2 oz/¼ cană zahăr brun moale

Pentru topping:

100 g zahăr pudră (de cofetarie), cernut

15 ml/1 lingură apă caldă

30 ml/2 linguri migdale sub formă de fulgi

Se toarnă laptele în drojdie și zahăr și se amestecă. Se lasa la loc cald pana devine spumoasa. Frecați untul sau margarina în făină. Se amestecă amestecul de drojdie și oul și se bate bine. Acoperiți vasul cu folie alimentară unsă (folie de plastic) și lăsați la loc cald timp de 1 oră. Frământați din nou și apoi formați un dreptunghi de aproximativ 30 x 23 cm / 12 x 9 inchi. Peste aluat se intinde untul sau margarina pentru umplutura si se presara migdale macinate si zahar. Rulați într-un cârnați lung și modelați un inel, sigilați marginile cu puțină apă. Tăiați două treimi din rulou la intervale de aproximativ 3 cm și puneți-o pe o tavă de copt unsă. Se lasă la loc cald timp de 20 de minute. Coaceți în cuptorul preîncălzit la 200°C/425°F/gaz 7 timp de 15 minute.

Între timp, amestecaţi zahărul pudră şi apa într-o glazură glacé. Cand s-a racit se intinde peste prajitura si se decoreaza cu migdale taiate.

Tarta Lardy

Face un tort de 23 x 18 cm / 9 x 7 inch

15 g/½ oz drojdie proaspătă sau 20 ml/4 lingurițe drojdie uscată

5 ml/1 linguriță (superfin) zahăr tos

300 ml/½ pt/1¼ cană apă caldă

150 g/5 oz/2/3 cană untură (scurtare)

450 g/1 lb/4 căni de făină tare (pâine).

Putina sare

100 g sultane (stafide aurii)

100 g/4 oz/2/3 cană miere limpede

Se amestecă drojdia cu zahărul și puțină apă caldă și se lasă la spumă la loc cald timp de 20 de minute.

Ungeți 25 g/2 linguri de untură în făină și sare și faceți o adâncitură în centru. Se toarnă amestecul de drojdie și apa călduță rămasă și se amestecă într-un aluat ferm. Frământați până la omogenizare și elasticitate. Se pune intr-un vas uns cu ulei, se acopera cu folie alimentara unsa (folie de plastic) si se lasa la loc caldut aproximativ 1 ora pana isi dubleaza volumul.

Tăiați untura rămasă în cuburi. Frământați din nou aluatul și apoi întindeți-l într-un dreptunghi de aproximativ 35 x 23 cm. Acoperiți primele două treimi din aluat cu o treime din untură, o treime din sultane și un sfert din aluat. mierea. Îndoiți treimea obișnuită din aluat peste umplutură, apoi îndoiți treimea de sus în jos. Apăsați marginile împreună pentru a sigila, apoi rotiți aluatul un sfert de tură, astfel încât cuta să fie pe partea stângă. Întindeți și repetați procesul de încă două ori pentru a folosi toată untura și sultanele. Se pune pe o tavă de copt unsă (biscuiți) și folosește un cuțit pentru a marca deasupra un model încrucișat. Acoperiți și lăsați la loc cald timp de 40 de minute.

Coaceţi în cuptorul preîncălzit la 220°C/425°F/gaz marca 7 timp de 40 de minute. Stropiţi blatul cu mierea rămasă şi lăsaţi să se răcească.

Tort cu lardy cu semințe de chimen

Face un tort de 23 x 18 cm / 9 x 7 inch

450g/1lb aluat de pâine albă de bază

175 g/6 oz/¾ cană untură (scurt), tăiată în bucăți

175 g/6 oz/¾ cană zahăr (superfin).

15 ml/1 lingură semințe de chimen

Pregătiţi aluatul, apoi întindeţi-l pe o suprafaţă uşor înfăinată până la un dreptunghi care măsoară aproximativ 35 x 23 cm/14 x 9 inchi. Ungeţi cele două treimi de sus din aluat cu jumătate de untură şi jumătate de zahăr, apoi îndoiţi partea simplă pe treimi din aluat, îndoind partea de sus cu o treime în jos. Întoarceţi aluatul un sfert de tură, astfel încât pliul să fie în stânga voastră, apoi întindeţi-l din nou şi stropiţi cu restul de untură şi zahăr şi seminţe de chimen în acelaşi mod. Îndoiţi din nou, apoi modelaţi pentru a se potrivi într-o tavă de copt (tavă) şi tăiaţi partea de sus în forme de romb. Acoperiţi cu folie alimentară unsă (folie de plastic) şi lăsaţi la loc cald aproximativ 30 de minute până îşi dublează volumul.

Coaceţi într-un cuptor preîncălzit la 200°C/400°F/gaz marca 6 timp de 1 oră. Se lasă la răcit în tavă timp de 15 minute pentru a permite grăsimii să se absoarbă în aluat, apoi se transferă pe un grătar pentru a se răci complet.

Tort din marmură

Face un tort de 20 cm/8in

175 g/6 oz/¾ cană unt sau margarină, moale

175 g/6 oz/¾ cană zahăr (superfin).

3 oua, batute usor

225 g / 8 oz / 2 căni de făină auto-crescătoare

Câteva picături de esență de migdale (extract)

Câteva picături de colorant alimentar verde

Câteva picături de colorant alimentar roșu

Bateți untul sau margarina și zahărul până devine ușor și pufos. Bateți treptat ouăle și apoi adăugați făina. Împărțiți amestecul în treimi. Adaugati esenta de migdale la o treime, colorantul verde la o treime si colorantul rosu la treimea ramasa. Puneti alternate linguri mari din cele trei amestecuri intr-o tava de 20 cm/8 tapetata cu pergament si coaceti in cuptorul preincalzit la 180°C/350°F/gaz 4 timp de 45 de minute, pana cand sunt bine crescute si elastice. atingerea.

Tort în strat Lincolnshire

Face un tort de 20 cm/8in

175 g/6 oz/¾ cană unt sau margarină

350 g/12 oz/3 căni de făină universală

Putina sare

150 ml/¼ pt/2/3 cană lapte

15 ml/1 lingura drojdie uscata Pentru umplutura:

225 g / 8 oz / 11/3 cani sultane (stafide aurii)

225 g/8 oz/1 cană zahăr brun moale

25 g/2 linguri de unt sau margarină

2,5 ml/½ linguriță ienibahar măcinat

1 ou, separat

Frecați jumătate din unt sau margarină în făină și sare până când amestecul seamănă cu pesmet. Se încălzește restul de unt sau margarina cu laptele până se încălzește și se amestecă puțin pentru a forma o pastă cu drojdia. Amestecați amestecul de drojdie și laptele și untul rămas în amestecul de făină și frământați într-un aluat moale. Se pune intr-un bol uns cu ulei, se acopera si se lasa la loc cald aproximativ 1 ora pana isi dubleaza volumul. Între timp, puneți toate ingredientele pentru umplutură, cu excepția albușului, într-o cratiță la foc mic și lăsați să se topească.

Întindeți un sfert din aluat într-un cerc de 20 cm/8 și întindeți cu o treime din umplutură. Repetați cu cantitățile rămase de aluat și umplutură, acoperiți cu un cerc de aluat. Ungeți marginile cu albuș și sigilați-le. Coaceți în cuptorul preîncălzit la 190°C/375°F/marca de gaz 5 timp de 20 de minute. Ungeți blatul cu albuș și apoi întoarceți-l la cuptor pentru încă 30 de minute până când se rumenește.

Tort de paine

Face o prăjitură de 900 g/2 lb

175 g/6 oz/¾ cană unt sau margarină, moale

275 g/10 oz/1¼ cani (superfin) zahăr tos

Coaja rasă și suc de ½ lămâie

120 ml/4 fl oz/½ cană de lapte

275 g/10 oz/2¼ cani de făină auto-crescătoare

5 ml/1 lingurita sare

5 ml/1 linguriță praf de copt

3 ouă

Zahăr pudră (de cofetarie), cernut, pentru pudrat

Bateţi untul sau margarina, zahărul și coaja de lămâie până devin ușoare și pufoase. Se adauga sucul de lamaie si laptele, apoi se adauga faina, sarea si praful de copt si se amesteca pana se omogenizeaza. Adaugam treptat ouale batand bine dupa fiecare adaugare. Turnaţi amestecul într-o tavă de 900 g/2lb unsă și tapetată cu pergament și coaceţi într-un cuptor preîncălzit la 150°F/300°F/Gas Mark 2 timp de 1¼ oră până când devine elastic la atingere. Lăsaţi să se răcească în tavă timp de 10 minute înainte de a se răsturna pentru a se răci pe un grătar. Se serveste presarata cu zahar pudra.

Tort cu marmelada

Face un tort de 18 cm/7in

175 g/6 oz/¾ cană unt sau margarină, moale

175 g/6 oz/¾ cană zahăr (superfin).

3 ouă, separate

300 g/10 oz/2½ căni de făină auto-crescătoare

45 ml/3 linguri marmeladă groasă

50 g/2 oz/1/3 cană coajă amestecată (confiată) tocată

Coaja rasă a 1 portocală

45 ml/3 linguri apă

Pentru glazura (glazura):

100 g zahăr pudră (de cofetarie), cernut

Suc de 1 portocală

Câteva felii de portocală cristalizată (confiată).

Bateți untul sau margarina și zahărul până devine ușor și pufos. Se bate treptat galbenusurile, apoi 15 ml/1 lingura de faina. Se adauga marmelada, coaja amestecata, coaja de portocala si apa, apoi se adauga restul de faina. Bateți albușurile spumă până se întăresc și apoi pliați-le în amestec cu o lingură de metal. Se pune intr-o tava de tort de 18 cm/7 tapetata cu pergament si se coace in cuptorul preincalzit la 180°C/350°F/Gas Mark 4 timp de 1¼ de ora pana cand creste bine si elastic la atingere. Se lasa sa se raceasca in tava 5 minute si apoi se transfera pe un gratar pentru a se raci.

Pentru glazură, puneți zahărul pudră într-un castron și faceți o adâncitură în centru. Lucrați treptat în suficient suc de portocale pentru a obține o consistență netedă. Se pune peste tort și pe părțile laterale și se lasă să se stabilească. Se decorează cu felii de portocale cristalizate.

Prăjitură cu mac

Face un tort de 20 cm/8in

250 ml/8 fl oz/1 cană de lapte

100 g / 4 oz / 1 cană de semințe de mac

225 g/1 cană unt sau margarină, moale

225 g/8 oz/1 cană zahăr brun moale

3 ouă, separate

100 g / 4 oz / 1 cană făină simplă (toate scopuri)

100 g / 4 oz / 1 cană făină integrală (integrală).

5 ml/1 linguriță praf de copt

Se pune laptele la fiert intr-o cratita cu semintele de mac, se ia de pe foc, se acopera si se lasa la macerat 30 de minute. Bateţi untul sau margarina şi zahărul până devine palid şi pufos. Bateţi treptat gălbenuşurile, apoi adăugaţi făina şi praful de copt. Se amestecă seminţele de mac şi laptele. Bateţi albuşurile spumă până se întăresc şi apoi pliaţi-le în amestec cu o lingură de metal. Se pune intr-o tava de 20 cm unsa si tapetata cu pergament si se coace in cuptorul preincalzit la 180°C/350°F/Gas Mark 4 timp de 1 ora pana cand o frigarui introdusa in centru iese curata. Lăsaţi să se răcească în tavă timp de 10 minute înainte de a se răsturna pentru a se răci pe un grătar.

Plăcintă cu iaurt simplu

Face un tort de 23 cm/9in

150 g iaurt simplu

150 ml/¼ pt/2/3 cană ulei

225 g/8 oz/1 cană de zahăr (superfin).

225 g / 8 oz / 2 căni de făină auto-crescătoare

10 ml/2 lingurițe praf de copt

2 ouă, bătute

Se amestecă toate ingredientele până se omogenizează, apoi se pun cu lingura într-o formă de tort de 23 cm/9 cm unsă și tapetată. Coaceți într-un cuptor preîncălzit la 160°C/325°F/marca de gaz 3 timp de 1¼ de oră până când devine elastic la atingere. Se lasa sa se raceasca in forma.

Tort cu prune și cremă

Face un tort de 23 cm/9in

Pentru umplutura:

150 g/5 oz/2/3 cană prune uscate fără sâmburi, tăiate grosier

120 ml/4 fl oz/½ cană suc de portocale

50 g/2 oz/¼ cană zahăr (superfin).

30 ml/2 linguri faina de porumb (faina de porumb)

175 ml/6 fl oz/¾ cană de lapte

2 galbenusuri de ou

Coaja rasa fin a unei portocale

Pentru tort:

175 g/6 oz/¾ cană unt sau margarină, moale

225 g/8 oz/1 cană de zahăr (superfin).

3 oua, batute usor

200 g/7 oz/1¾ cani de făină simplă (toate scopuri)

10 ml/2 lingurițe praf de copt

2,5 ml/½ linguriță nucșoară rasă

75 ml/5 linguri suc de portocale

Mai întâi faceți umplutura. Înmuiați prunele în sucul de portocale timp de cel puțin două ore.

Se amestecă zahărul și amidonul de porumb cu puțin lapte până la o pastă. Aduceți restul de lapte la fiert într-o cratiță. Se toarnă peste zahăr și făina de porumb și se amestecă bine, apoi se întoarce în tava clătită și se amestecă gălbenușurile. Adăugați coaja de portocală și amestecați la foc foarte mic până se îngroașă, dar nu lăsați crema să fiarbă. Puneți tigaia într-un castron cu apă rece și amestecați ocazional crema pe măsură ce se răcește.

Pentru prăjitură, bateți untul sau margarina și zahărul până devine ușor și pufos. Bateți treptat ouăle, apoi adăugați făina, praful de copt și nucșoara alternativ cu sucul de portocale. Puneti jumatate din aluat intr-o tava unsa de 23cm/9cm, intindeti crema peste ea, lasand o fanta in jurul marginii. Peste cremă se pun prunele uscate și sucul de înmuiat și se adaugă amestecul de prăjitură rămas, asigurându-vă că închideți amestecul de prăjitură pe părțile laterale și acoperiți complet umplutura. Coaceți în cuptorul preîncălzit la 200°C/400°F/marca de gaz 6 timp de 35 de minute până când devine maro auriu și se micșorează de pe părțile laterale ale formei. Se lasa sa se raceasca in forma inainte de a le intoarce.

Tort cu riduri de zmeura cu glazura de ciocolata

Face un tort de 20 cm/8in

175 g/6 oz/¾ cană unt sau margarină, moale

175 g/6 oz/¾ cană zahăr (superfin).

3 oua, batute usor

225 g / 8 oz / 2 căni de făină auto-crescătoare

100 g zmeura Pentru glazura (glazura) si decor:

Glazură cu unt de ciocolată albă

100 g/4 oz/1 cană ciocolată neagră (semidulce).

Bateți untul sau margarina și zahărul până devine ușor și pufos. Bateți treptat ouăle și apoi adăugați făina. Puneți zmeura în piure, apoi frecați printr-o sită (sita) pentru a îndepărta sâmburii. Se amestecă piureul în amestecul de tort, astfel încât să se îndoiască prin amestec și să nu fie amestecat. Se pune intr-o tava de 20 cm/8 tapetata cu unt si se coace in cuptorul preincalzit la 180°C/350°F / marcaj de gaz 4 timp de 45 de minute pana se ridica bine si este elastic la atingere. Transferați pe un grătar pentru a se răci.

Întindeți glazura de unt peste tort și neteziți suprafața cu o furculiță. Topiți ciocolata într-un castron rezistent la căldură peste o tigaie cu apă fierbinte ușor. Se intinde pe o tava de copt (biscuiti) si se lasa aproape sa se solidifice. Răzuiți partea plată a unui cuțit ascuțit peste ciocolată pentru a crea bucle. Utilizați pentru a decora partea de sus a tortului.

Tort de nisip

Face un tort de 20 cm/8in

75 g/3 oz/1/3 cană unt sau margarină, moale

75 g/3 oz/1/3 cană zahăr tos (superfin).

2 oua, batute usor

100 g / 4 oz / 1 cană făină de porumb (amidon de porumb)

25 g/1 oz/¼ cană făină simplă (universal)

5 ml/1 linguriță praf de copt

50 g/2 oz/½ cană nuci amestecate tocate

Bateți untul sau margarina și zahărul până devine ușor și pufos. Bateți treptat ouăle, apoi adăugați făina de porumb, făina și praful de copt. Turnați amestecul într-o formă pătrată de tort de 20 cm/8 inci (forma) unsă cu uns și stropiți cu nucile tocate. Coaceți într-un cuptor preîncălzit la 180°C/350°F/gaz marca 4 timp de 1 oră până când devine elastic la atingere.

Tort cu seminte

Face un tort de 18 cm/7in

100 g/4 oz/½ cană unt sau margarină, înmuiată

100 g/4 oz/½ cană de zahăr (superfin).

2 oua, batute usor

225 g/8 oz/2 căni de făină simplă (universal)

25 g/1 oz/¼ cană de semințe de chimen

5 ml/1 linguriță praf de copt

Putina sare

45 ml/3 linguri lapte

Bateți untul sau margarina și zahărul până devine ușor și pufos. Bateți treptat ouăle, apoi adăugați făina, semințele de chimen, praful de copt și sarea. Adăugați suficient lapte pentru a obține o consistență de picurare. Se pune intr-o tava de 18 cm/7 tapetata cu pergament si se coace in cuptorul preincalzit la 200°C/400°F/Marca gaz 6 timp de 1 ora pana cand devine elastic la atingere si incepe sa se micsoreze de pe marginile formei.

Tort inel condimentat

Face un inel de 23cm/9in

1 mar, curatat de coaja, fara miez si ras

30 ml/2 linguri suc de lamaie

25 g/8 oz/1 cană zahăr brun moale

5 ml/1 linguriță pudră de ghimbir

5 ml/1 lingurita scortisoara macinata

2,5 ml/½ linguriță de condimente amestecate (plăcintă cu mere).

225 g / 8 oz / 2/3 cană sirop auriu (porumb ușor).

250 ml/8 fl oz/1 cană de ulei

10 ml/2 lingurițe praf de copt

400 g/14 oz/3½ căni de făină simplă (toate scopuri)

10 ml/2 lingurite bicarbonat (bicarbonat de sodiu)

250 ml/8 fl oz/1 cană de ceai tare fierbinte

1 ou, batut

Zahăr pudră (de cofetarie), cernut, pentru pudrat

Amestecați sucul de măr și lămâie împreună. Se amestecă zahărul și condimentele, apoi siropul și uleiul. Adăugați praful de copt în făină și bicarbonatul de sodiu în ceaiul fierbinte. Se amestecă alternativ în amestec și apoi se amestecă oul. Se pune într-o tavă de tort unsă și tapetată cu un inel adânc de 23 cm/9 și se coace într-un cuptor preîncălzit la 180°C/350°F/marcaj de gaz 4 timp de 1 oră până când devine elastic la atingere. Se lasa sa se raceasca in tava 10 minute si apoi se transfera pe un gratar pentru a se raci. Se serveste presarata cu zahar pudra.

Tort picant strat

Face un tort de 23 cm/9in

100 g/4 oz/½ cană unt sau margarină, înmuiată

100 g/4 oz/½ cană zahăr granulat

100 g/4 oz/½ cană zahăr brun moale

2 ouă, bătute

175 g/6 oz/1½ cani de făină universală

5 ml/1 linguriță praf de copt

5 ml/1 lingurita scortisoara macinata

2,5 ml/½ linguriță bicarbonat (bicarbonat de sodiu)

2,5 ml/½ linguriță de condimente amestecate (plăcintă cu mere).

Putina sare

200 ml/7 fl oz/scanează 1 cană de lapte evaporat conservat

Glazură cu unt de lămâie

Bateți untul sau margarina și zaharurile până devin ușoare și pufoase. Bateți treptat ouăle, apoi adăugați ingredientele uscate și laptele evaporat și amestecați până la omogenizare. Puneți cu lingură în două forme de tort (tavi) tapetate cu unsoare de 23 cm/9 și coaceți în cuptorul preîncălzit la 180°C/350°F/marca de gaz 4 timp de 30 de minute până când devine elastic la atingere. Lăsați să se răcească și sandwich împreună cu glazură de unt de lămâie.

Prajitura cu zahar si scortisoara

Face un tort de 23 cm/9in

175 g/6 oz/1½ cani de făină auto-crescătoare

10 ml/2 lingurițe praf de copt

Putina sare

175 g/6 oz/¾ cană zahăr (superfin).

50 g/2 oz/¼ cană unt sau margarină, topit

1 ou, batut usor

120 ml/4 fl oz/½ cană de lapte

2,5 ml/½ linguriță esență de vanilie (extract)

Pentru topping:

50 g/2 oz/¼ cană unt sau margarină, topit

50 g/2 oz/¼ cană zahăr brun moale

2,5 ml/½ linguriță scorțișoară măcinată

Bateți toate ingredientele pentru tort până se omogenizează și se omogenizează bine. Se pune într-o tavă de tort unsă de 9 cm/9in și se coace într-un cuptor preîncălzit la 180°C/350°F/Gas Mark 4 timp de 25 de minute până se rumenesc. Ungeți tortul cald cu unt. Se amestecă zahărul și scorțișoara și se presară deasupra. Puneți tortul la cuptor pentru încă 5 minute.

Tort de ceai victorian

Face un tort de 20 cm/8in

225 g/1 cană unt sau margarină, moale

225 g/8 oz/1 cană de zahăr (superfin).

225 g / 8 oz / 2 căni de făină auto-crescătoare

25 g/1 oz/¼ cană făină de porumb (făină de porumb)

30 ml/2 linguri de semințe de chimen

5 ouă, separate

Zahăr granulat pentru stropire

Bateți untul sau margarina și zahărul până devine palid și pufos. Încorporați făina, făina de porumb și semințele de chimen. Bateți gălbenușurile și amestecați-le în amestec. Bateți albușurile spumă până se întăresc și apoi amestecați-le cu grijă în amestec cu o lingură de metal. Se pune intr-o tava (forma) de tort unsa si tapetata cu hartie de copt de 20 cm / 8 si se presara cu zahar. Coaceți într-un cuptor preîncălzit la 180°C/350°F/marca de gaz 4 timp de 1 oră și jumătate până când devine maro auriu și începe să se micșoreze de pe părțile laterale ale formei.

Tort cu fructe all-in-one

Face un tort de 20 cm/8in

175 g/6 oz/¾ cană unt sau margarină, moale

175 g/6 oz/¾ cană zahăr brun moale

3 ouă

15 ml/1 lingură sirop auriu (porumb ușor).

100 g/4 oz/½ cană cireșe glacé (confiate).

100 g sultane (stafide aurii)

100 g/4 oz/2/3 cană stafide

225 g / 8 oz / 2 căni de făină auto-crescătoare

10 ml/2 linguriță de condimente amestecate (plăcintă cu mere).

Puneți toate ingredientele într-un castron și amestecați până se omogenizează bine sau procesați într-un robot de bucătărie. Se pune intr-o tava de 20 cm unsa si tapetata cu pergament si se coace in cuptorul preincalzit la 160°C/325°F/Gas Mark 3 timp de 1 ora si jumatate pana cand o frigarui introdusa in centru iese curata. Se lasa sa stea in forma timp de 5 minute, apoi se intoarce pe un gratar sa se raceasca.

Tort cu fructe All-in-one

Face un tort de 20 cm/8in

350 g/12 oz/2 căni de fructe amestecate uscate (amestec de prăjituri cu fructe)

100 g/4 oz/½ cană unt sau margarină

100 g/4 oz/½ cană zahăr brun moale

150 ml/¼ pt/2/3 cană de apă

2 ouă mari, bătute

225 g / 8 oz / 2 căni de făină auto-crescătoare

5 ml/1 linguriță de condimente amestecate (plăcintă cu mere).

Punem fructele, untul sau margarina, zaharul si apa intr-o cratita, aducem la fiert si fierbem usor timp de 15 minute. Lasa sa se raceasca. Se amestecă linguri de ouă alternativ cu făina și condimentele amestecate și se amestecă bine. Se pune într-o formă de tort unsă de 20 cm / 8 (tavă) și se coace în cuptorul preîncălzit la 140°C/275°F/marcă de gaz 1 timp de 1–1½ oră până când o frigărui introdusă în centru iese curată.

Tort australian cu fructe

Face o prăjitură de 900 g/2 lb

100 g/4 oz/½ cană unt sau margarină

225 g/8 oz/1 cană zahăr brun moale

250 ml/8 fl oz/1 cană de apă

350 g/12 oz/2 căni de fructe amestecate uscate (amestec de prăjituri cu fructe)

5 ml/1 lingurita bicarbonat (bicarbonat de sodiu)

10 ml/2 linguriță de condimente amestecate (plăcintă cu mere).

5 ml/1 linguriță pudră de ghimbir

100 g / 4 oz / 1 cană făină auto-crescătoare

100 g / 4 oz / 1 cană făină simplă (toate scopuri)

1 ou, batut

Aduceți toate ingredientele cu excepția făinii și a oului la fiert într-o cratiță. Se ia de pe foc si se lasa sa se raceasca. Se amestecă făina și oul. Se toarnă amestecul într-o tavă de 900 g unsă și tapetată cu pergament și se coace într-un cuptor preîncălzit la 160°C/325°F/marca gaz 3 timp de 1 oră până când crește bine și se introduce o frigărui în centru. curata.

Tort american bogat

Face un tort de 25 cm/10 inchi

225 g/8 oz/11/3 cesti coacaze

100 g / 1 cană migdale albite

15 ml/1 lingură apă de floare de portocal

45 ml/3 linguri sherry uscat

1 galbenus de ou mare

2 oua

350 g/12 oz/1½ cani unt sau margarină, înmuiată

175 g/6 oz/¾ cană zahăr (superfin).

Un vârf de buzdugan măcinat

Un praf de scortisoara macinata

Un praf de cuișoare măcinate

Un praf de ghimbir macinat

Un praf de nucsoara rasa

30 ml/2 linguri coniac

225 g/8 oz/2 căni de făină simplă (universal)

50 g/2 oz/½ cană de coajă amestecată (confiată) tocată

Înmuiați coacăzele în apă fierbinte timp de 15 minute și apoi scurgeți bine. Măcinați migdalele cu apa de floare de portocal și 15 ml/1 lingură de sherry. Bateți gălbenușul de ou și ouăle împreună. Cremă untul sau margarina și zahărul, apoi amestecați amestecul de migdale și ouăle și bateți până când se alb și se densează. Adăugați condimentele, sherry-ul rămas și coniac. Se amestecă făina și se amestecă coacăzele și coaja amestecată. Se pune intr-o tava unsa de 25 cm/10 cm si se coace in cuptorul preincalzit la

180°C/350°F/gaz 4 timp de aproximativ 1 ora pana cand o frigaruie introdusa in centru iese curata.

Prajitura cu fructe de roscove

Face un tort de 18 cm/7in

450 g/1 lb/22/3 cani de stafide

300 ml/½ pt/1¼ cană suc de portocale

175 g/6 oz/¾ cană unt sau margarină, moale

3 oua, batute usor

225 g/8 oz/2 căni de făină simplă (universal)

75 g/3 oz/¾ cană pudră de roșcove

10 ml/2 lingurițe praf de copt

Coaja rasa a 2 portocale

50 g/2 oz/½ cană nuci, tocate

Înmuiați stafidele peste noapte în sucul de portocale. Se amestecă untul sau margarina și ouăle până se omogenizează. Amestecați treptat stafidele și sucul de portocale și restul ingredientelor. Se pune într-o formă de tort unsă și tapetată cu unsoare de 18 cm/7 și se coace în cuptorul preîncălzit la 180°C/350°F/gaz 4 timp de 30 de minute, apoi se reduce temperatura cuptorului la 160°C/325°F/gaz 3. inca 1¼ ora pana cand o frigarui introdusa in centru iese curata. Lăsați să se răcească în tavă timp de 10 minute înainte de a transfera pe un grătar pentru a se răci.

Tort cafea cu fructe

Face un tort de 25 cm/10 inchi

450 g/1 lb/2 căni (superfin) zahăr tos

450 g/1 lb/2 căni de curmale fără sâmburi, tocate

450 g/1 lb/22/3 cani de stafide

450 g/1 lb/22/3 cani sultane (stafide aurii)

100 g/4 oz/½ cană cireșe glacé (confiate), tocate

100 g/4 oz/1 cană nuci amestecate tocate

450 ml/¾ pt/2 cesti cafea neagra tare

120 ml/4 fl oz/½ cană de ulei

100 g / 4 oz / 1/3 cană sirop auriu (porumb ușor).

10 ml/2 linguri de scorțișoară măcinată

5 ml/1 lingurita nucsoara rasa

Putina sare

10 ml/2 lingurite bicarbonat (bicarbonat de sodiu)

15 ml/1 lingura de apa

2 oua, batute usor

450 g/1 lb/4 căni de făină simplă (universal)

120 ml/4 fl oz/½ cană sherry sau brandy

Aduceți toate ingredientele, cu excepția sifonului, a apei, a ouălor, a făinii și a sherry-ului sau a coniacului la fiert într-o cratiță cu fundul greu. Se fierbe 5 minute, amestecand continuu, apoi se ia de pe foc si se raceste.

Amesteca sifonul cu apa si adauga la amestecul de fructe cu ouale si faina. Se pune într-o formă de tort (tavă) de 25 cm/10 unsă și tapetată cu pergament și se leagă în exterior un strat dublu de hârtie rezistentă, astfel încât să se ridice deasupra formei. Coaceți într-un cuptor preîncălzit la 160°C/325°F/gaz marca 3 timp de 1 oră. Reduceți temperatura cuptorului la 150°C/300°F/marca de gaz 2 și coaceți încă 1 oră. Reduceți temperatura cuptorului la 140°C/275°F/marca de gaz 1 și coaceți timp de a treia oră. Reduceți temperatura cuptorului la 120C/marcă de gaz ½ și coaceți încă o oră, acoperind partea de sus a prăjiturii cu hârtie de ceară dacă începe să se rumenească. Când este gătită, o frigărui introdusă în centru iese curată și prăjitura începe să se strângă de pe marginile tăvii.

Prajitura grea din Cornish

Face o prăjitură de 900 g/2 lb

350 g/12 oz/3 căni de făină universală

2,5 ml/½ linguriță sare

175 g/6 oz/¾ cană untură (scurtare)

75 g/3 oz/1/3 cană zahăr tos (superfin).

175 g/6 oz/1 cană coacăze

Puțin coajă tocată amestecată (confiată) (opțional)

Aproximativ 150 ml/¼ pt/2/3 cană amestec de lapte și apă

1 ou, batut

Puneți făina și sarea într-un castron și frecați untura până când amestecul seamănă cu pesmet. Se amestecă ingredientele uscate rămase. Adăugați treptat suficient lapte și apă pentru a obține un aluat tare. Nu va costa mult. Se intinde pe o tava de copt unsa (biscuiti) pana la aproximativ 1 cm grosime. Ungeți cu ou bătut. Desenați un model încrucișat deasupra cu vârful unui cuțit. Coaceți într-un cuptor preîncălzit la 160°C/325°F/marca de gaz 3 timp de aproximativ 20 de minute până se rumenesc. Se lasa sa se raceasca si apoi se taie in patrate.

Prajitura de coacaze

Face un tort de 23 cm/9in

225 g/1 cană unt sau margarină

300 g/11 oz/1½ cană (superfin) zahăr tos

Putina sare

100 ml/3½ fl oz/6½ linguri de apă clocotită

3 ouă

400 g/14 oz/3½ căni de făină simplă (toate scopuri)

175 g/6 oz/1 cană coacăze

50 g/2 oz/½ cană de coajă amestecată (confiată) tocată

100 ml/3½ fl oz/6½ linguri de apă rece

15 ml/1 lingura praf de copt

Pune într-un bol untul sau margarina, zahărul și sarea, se toarnă peste apa clocotită și se lasă până se înmoaie. Se bat repede până devine ușor și cremos. Adaugam treptat ouale si amestecam faina, coacazele si coaja amestecata alternativ cu apa rece. Se amestecă praful de copt. Puneti aluatul intr-o tava de tort unsa de 23 cm/9 si coaceti in cuptorul preincalzit la 180°C/350°F/Gas Mark 4 timp de 30 de minute.Reduceti temperatura cuptorului la 150°C/300°F/gaz Marcați 2 și mai coaceți încă 40 de minute sau până când o frigărui introdusă în centru iese curată. Lăsați să se răcească în tavă timp de 10 minute înainte de a se răsturna pentru a se răci pe un grătar.

Prajitura cu fructe inchise

Face un tort de 25 cm/10 inchi

225 g/8 oz/1 cană de fructe glacé (confiate) mărunțite

350 g/12 oz/2 căni de curmale fără sâmburi, tocate

225 g/11/3 cani de stafide

225 g/8 oz/1 cană cireșe glacé (confiate), tocate

100 g/ cană glacé (confiat) ananas, tocat

100 g/4 oz/1 cană nuci amestecate tocate

225 g/8 oz/2 căni de făină simplă (universal)

5 ml/1 lingurita bicarbonat (bicarbonat de sodiu)

5 ml/1 lingurita scortisoara macinata

2,5 ml/½ linguriță ienibahar

1,5 ml/¼ linguriță cuișoare măcinate

1,5 ml/¼ linguriță sare

225 g/8 oz/1 cană untură (scurtare)

225 g/8 oz/1 cană zahăr brun moale

3 ouă

175 g/6 oz/½ cană melasă neagră (melasă)

2,5 ml/½ linguriță esență de vanilie (extract)

120 ml/4 fl oz/½ cană zară

Se amestecă fructele și nucile. Se amestecă făina, bicarbonatul de sodiu, condimentele și sarea și se amestecă 50 g/2 oz/½ cană în fructe. Bate untura si zaharul pana devine usoara si pufoasa. Adaugam treptat ouale batand bine dupa fiecare adaugare. Se amestecă siropul și esența de vanilie. Se amestecă zara alternativ cu amestecul de făină rămas şi se bate până se omogenizează. Se amestecă fructele. Se pune intr-o tava de 25 cm/10 tapetata cu pergament si se coace in cuptorul preincalzit la 140°C/275°F/marca gaz 1 timp de 2 ore si jumatate pana cand o frigarui introdusa in centru iese curata. Se lasa sa se raceasca in tava 10 minute si apoi se transfera pe un gratar pentru a se raci.

Tort tăiat și revenit

Face un tort de 20 cm/8in

275 g/10 oz/12/3 cani de fructe amestecate uscate (amestec de prajituri cu fructe)

100 g/4 oz/½ cană unt sau margarină

150 ml/¼ pt/2/3 cană de apă

1 ou, batut

225 g/8 oz/2 căni de făină simplă (universal)

Putina sare

100 g/4 oz/½ cană de zahăr (superfin).

Puneți fructele, untul sau margarina și apa într-o cratiță și fierbeți timp de 20 de minute. Lasa sa se raceasca. Adăugați oul și amestecați treptat făina, sarea și zahărul. Se pune intr-o tava de tort unsa de 20 cm/8 inci si se coace in cuptorul preincalzit la 160°C/325°F/gaz 3 timp de 1¼ de ora pana cand o frigaruie introdusa in centru iese curata.

Tort Dundee

Face un tort de 20 cm/8in

225 g/1 cană unt sau margarină, moale

225 g/8 oz/1 cană de zahăr (superfin).

4 ouă mari

225 g/8 oz/2 căni de făină simplă (universal)

Putina sare

350 g/12 oz/2 căni de coacăze

350 g/12 oz/2 căni sultane (stafide aurii)

175 g / 6 oz / 1 cană coajă amestecată (confiată) tocată

100 g / 1 cană cireșe glacé (confiate), tăiate în sferturi

Coaja rasă de ½ lămâie

50 g migdale întregi, albite

Amestecaţi untul şi zahărul până când palid şi uşor. Bateţi ouăle pe rând, batând bine între fiecare adăugare. Încorporaţi făina şi sarea. Se amestecă fructele şi coaja de lămâie. Tăiaţi jumătate din migdale şi adăugaţi-le la amestec. Se pune într-o formă de tort de 20 cm unsă şi tapetată cu pergament şi se leagă o fâşie de hârtie maro pe exteriorul formei, astfel încât să fie cu aproximativ 5 cm mai sus decât forma. Împărţiţi migdalele rezervate şi aranjaţi-le în cercuri concentrice deasupra prăjiturii. Coaceţi într-un cuptor preîncălzit la 150°C/300°F/gaz 2 timp de 3 ore şi jumătate sau până când o frigărui introdusă în centru iese curată. Verificaţi după 2 ore şi jumătate dacă prăjitura începe să se rumenească deasupra,

Prajitura cu fructe fara oua

Face un tort de 20 cm/8in

50 g/2 oz/¼ cană unt sau margarină

225 g / 8 oz / 2 căni de făină auto-crescătoare

5 ml/1 lingurita bicarbonat (bicarbonat de sodiu)

5 ml/1 lingurita nucsoara rasa

5 ml/1 linguriță de condimente amestecate (plăcintă cu mere).

Putina sare

225 g / 8 oz / 11/3 cani de fructe amestecate uscate (amestec de prajitura cu fructe)

100 g/4 oz/½ cană zahăr brun moale

250 ml/8 fl oz/1 cană de lapte

Frecaţi untul sau margarina în făină, bicarbonat de sodiu, condimente şi sare până când amestecul seamănă cu pesmet. Se amestecă fructele şi zahărul şi se amestecă laptele până când toate ingredientele sunt bine amestecate. Acoperiţi şi lăsaţi să stea peste noapte.

Puneti amestecul intr-o tava de 20 cm unsa si tapetata cu pergament si coaceti in cuptorul preincalzit la 180°C/350°F/Gas Mark 4 timp de 1¾ de ora pana cand o frigaruie introdusa in centru iese curata.

Tort cu fructe infailibil

Face un tort de 23 cm/9in

225 g/1 cană unt sau margarină

200 g/7 oz/scan 1 cană (superfin) zahăr tos

175 g/6 oz/1 cană coacăze

175 g/6 oz/1 cană sultane (stafide aurii)

50 g/2 oz/½ cană de coajă amestecată (confiată) tocată

75 g/3 oz/½ cană curmale fără sâmburi, tocate

5 ml/1 lingurita bicarbonat (bicarbonat de sodiu)

200 ml/7 fl oz/scanează 1 cană de apă

75 g/2 oz/¼ cană cireșe glacé (confiate), tocate

100 g/4 oz/1 cană nuci amestecate tocate

60 ml/4 linguri coniac sau sherry

300 g/11 oz/2¾ cani de făină simplă (toate scopuri)

5 ml/1 linguriță praf de copt

Putina sare

2 oua, batute usor

Topiți untul sau margarina și amestecați zahărul, coacăzele, stafidele, coaja amestecată și curmale. Se amestecă bicarbonatul de sodiu cu puțină apă și se amestecă în amestecul de fructe cu apa rămasă. Aduceți la fiert și fierbeți ușor timp de 20 de minute, amestecând din când în când. Acoperiți și lăsați să stea peste noapte.

Ungeți și tapetați o formă de tort de 23 cm/9 cm cu un strat dublu de hârtie impermeabilă (cerată) sau maro pentru a se așeza deasupra formei arcuite. Se amestecă cireșele glazurate, nucile și țuica sau sherry, apoi se amestecă făina, praful de copt și sarea. Se amestecă ouăle. Puneți cu lingura în forma de tort pregătită și coaceți în cuptorul preîncălzit la 160°C/325°F/marcă de gaz 3 timp de 1 oră. Reduceți temperatura cuptorului la 140°C/275°F/marca de gaz 1 și coaceți încă o oră. Reduceți temperatura cuptorului la 120°C/marcă de gaz ½ și coaceți încă 1 oră sau până când o frigărui introdusă în centru iese curată. Acoperiți partea de sus a prăjiturii cu un cerc de ceară sau hârtie maro spre sfârșitul timpului de gătire dacă devine prea maro. Se lasa la racit in tava timp de 30 de minute si apoi se transfera pe un gratar pentru a se raci.

Tort cu fructe de ghimbir

Face un tort de 18 cm/7in

100 g/4 oz/½ cană unt sau margarină, înmuiată

100 g/4 oz/½ cană de zahăr (superfin).

2 oua, batute usor

30 ml/2 linguri lapte

225 g / 8 oz / 2 căni de făină auto-crescătoare

5 ml/1 linguriță praf de copt

10 ml/2 linguriță de condimente amestecate (plăcintă cu mere).

5 ml/1 linguriță pudră de ghimbir

100 g/4 oz/2/3 cană stafide

100 g sultane (stafide aurii)

Bateți untul sau margarina și zahărul până devine ușor și pufos. Amestecați treptat ouăle și laptele, apoi adăugați făina, praful de copt și condimentele, apoi fructele. Turnați amestecul într-o formă de tort de 18 cm/7 unsă și tapetată cu pergament și coaceți-l într-un cuptor preîncălzit la 160°C/325°F/Gas Mark 3 timp de 1¼ oră până când crește bine și devine maro auriu.

Prajitura cu fructe cu miere de la ferma

Face un tort de 20 cm/8in

175 g/6 oz/2/3 cană unt sau margarină, moale

175 g/6 oz/½ cană miere limpede

Coaja rasă a 1 lămâie

3 oua, batute usor

225 g / 8 oz / 2 căni de făină integrală de grâu (integrală).

10 ml/2 lingurițe praf de copt

5 ml/1 linguriță de condimente amestecate (plăcintă cu mere).

100 g/4 oz/2/3 cană stafide

100 g sultane (stafide aurii)

100 g/4 oz/2/3 cană coacăze

50 g/2 oz/1/3 cana caise uscate gata de consumat, tocate

50 g/2 oz/1/3 cană coajă amestecată (confiată) tocată

25 g/1 oz/¼ cană migdale măcinate

25 g/1 oz/¼ cană de migdale

Bateți untul sau margarina, mierea și coaja de lămâie până devin ușoare și pufoase. Adăugați treptat ouăle, apoi adăugați făina, praful de copt și condimentele amestecate. Se amestecă fructele și migdalele măcinate. Se pune intr-o tava (forma) de tort unsa si tapetata cu pergament de 20 cm/8 si se face o usoara depresiune in centru. Aranjați migdalele în jurul marginii de sus a prăjiturii. Coaceți într-un cuptor preîncălzit la 160°C/325°F/gaz 3 timp de 2–2½ ore până când o frigărui introdusă în centru iese curată. Acoperiți partea de sus a prăjiturii cu hârtie impermeabilă (cerată) spre sfârșitul timpului de gătire dacă devine prea maro. Lăsați să se răcească în tavă timp de 10 minute înainte de a transfera pe un grătar pentru a se răci.

Tort Genova

Face un tort de 23 cm/9in

225 g/1 cană unt sau margarină, moale

100 g/4 oz/½ cană de zahăr (superfin).

4 ouă, separate

5 ml/1 lingurita esenta de migdale (extract)

5 ml/1 linguriță coajă de portocală rasă

225 g/11/3 cani de stafide, tocate

100 g / 4 oz / 2/3 cană coacăze, tocate

100 g sultane (stafide aurii), tocate

50 g/2 oz/¼ cană cireșe glacé (confiate), tocate

50 g/2 oz/1/3 cană coajă amestecată (confiată) tocată

100 g / 4 oz / 1 cană migdale măcinate

25 g/1 oz/¼ cană de migdale

350 g/12 oz/3 căni de făină universală

10 ml/2 lingurițe praf de copt

5 ml/1 lingurita scortisoara macinata

Se amestecă untul sau margarina și zahărul și se pun gălbenușurile, esența de migdale și coaja de portocală. Se amestecă fructele și nucile cu puțină făină până se îmbracă, apoi se amestecă linguri de făină, praful de copt și scorțișoară alternativ cu linguri de amestec de fructe până se omogenizează bine. Bateți albușurile spumă până se întăresc și apoi adăugați-le în amestec. Se pune intr-o tava de tort unsa si tapetata cu unt de 23 cm/9 cm si se coace in cuptorul preincalzit la 190°C/375°F/gaz 5 timp de 30 de minute, apoi se reduce temperatura cuptorului la 160°C/325°F/gaz 3. încă 1 oră şi jumătate până când devine elastică la atingere şi o frigărui introdusă în centru iese curată. Se lasa sa se raceasca in forma.

Glace Fruitcake

Face un tort de 23 cm/9in

225 g/1 cană unt sau margarină, moale

225 g/8 oz/1 cană de zahăr (superfin).

4 oua, batute usor

45 ml/3 linguri coniac

250 g/9 oz/1¼ cani de făină simplă (toate scopuri)

2,5 ml/½ linguriță praf de copt

Putina sare

225 g/8 oz/1 cană amestec de fructe glacé (confiate), cum ar fi cireșe, ananas, portocale, smochine, feliate

100 g/4 oz/2/3 cană stafide

100 g sultane (stafide aurii)

75 g/3 oz/½ cană de coacăze

50 g/2 oz/½ cană nuci amestecate tocate

Coaja rasă a 1 lămâie

Bateți untul sau margarina și zahărul până devine ușor și pufos. Amestecați treptat ouăle și coniacul. Într-un castron separat, amestecați ingredientele rămase până când fructele sunt bine acoperite cu făină. Amestecați amestecul și amestecați bine. Se pune într-o formă de tort unsă de 23 cm/9 și se coace într-un cuptor preîncălzit la 180°C/350°F/Gas Mark 4 timp de 30 de minute.Reduceți temperatura cuptorului la 150°C/300°F/Gas Mark 3 și coace 50 de minute sau pana cand o frigarui introdusa in centru iese curata.

Prajitura cu fructe Guinness

Face un tort de 23 cm/9in

225 g/1 cană unt sau margarină

225 g/8 oz/1 cană zahăr brun moale

300 ml/½ pt/1¼ cană Guinness sau stout

225 g/11/3 cani de stafide

225 g / 8 oz / 11/3 cani sultane (stafide aurii)

225 g/8 oz/11/3 cesti coacaze

100 g / 4 oz / 2/3 cană coajă amestecată (confiată) tocată

550 g/1¼ lb/5 căni făină simplă (universal)

2,5 ml/½ linguriță bicarbonat (bicarbonat de sodiu)

5 ml/1 linguriță de condimente amestecate (plăcintă cu mere).

2,5 ml/½ linguriță nucșoară rasă

3 oua, batute usor

Aduceți untul sau margarina, zahărul și Guinness la fierbere într-o cratiță mică la foc mic, amestecând până se omogenizează bine. Se amestecă fructele și coaja amestecată, se aduce la fierbere și se fierbe timp de 5 minute. Se ia de pe foc si se lasa sa se raceasca.

Se amestecă făina, sifonul și condimentele și se face un godeu în centru. Adăugați amestecul rece de fructe și ouăle și amestecați până se omogenizează bine. Se pune intr-o tava de 23 cm/9 tapetata cu unt si se coace in cuptorul preincalzit la 160°C/325°F/gaz 3 timp de 2 ore, pana cand o frigaruie introdusa in centru iese curata. Se lasa la racit in tava 20 de minute si apoi se transfera pe un gratar pentru a se raci.

plăcintă tocată

Face un tort de 20 cm/8in

225 g / 8 oz / 2 căni de făină auto-crescătoare

350 g/12 oz/2 căni carne de vită măcinată

75 g/3 oz/½ cană amestec de fructe uscate (amestec de prăjitură cu fructe)

3 ouă

150 g/5 oz/2/3 cană margarină moale

150 g/5 oz/2/3 cană zahăr brun moale

Se amestecă toate ingredientele până se omogenizează bine. Transferați într-o tavă de tort unsă și tapetată cu unsoare de 20 cm/8in și coaceți în cuptorul preîncălzit la 160°C/325°F/marcă de gaz 3 timp de 1¾ de oră până când crește bine și ferm la atingere.

Prajitura cu fructe de ovaz si caise

Face un tort de 20 cm/8in

175 g/6 oz/¾ cană unt sau margarină, moale

50 g/2 oz/¼ cană zahăr brun moale

30 ml/2 linguri miere limpede

3 oua, batute

175 g/6 oz/¼ cană făină integrală de grâu (integrală).

50 g/2 oz/½ cană de fulgi de ovăz

10 ml/2 lingurițe praf de copt

250 g/9 oz/1½ cani de fructe amestecate uscate (amestec de prajituri cu fructe)

50 g/2 oz/1/3 cana caise uscate gata de consumat, tocate

Coaja rasă și zeama de la 1 lămâie

Bateți untul sau margarina și zahărul cu mierea până devine ușor și pufos. Bateți treptat ouăle alternativ cu făina și praful de copt. Se amestecă fructele uscate și sucul și coaja de lămâie. Se pune intr-o tava de 20 cm unsa si tapetata cu pergament si se coace in cuptorul preincalzit la 180°C/350°F/gaz 4 timp de 1 ora. Reduceți temperatura cuptorului la 160°C/325°F/marca de gaz 3 și coaceți încă 30 de minute sau până când o frigărui introdusă în centru iese curată. Acoperiți deasupra cu hârtie de copt dacă prăjitura începe să se rumenească prea repede.

Plăcintă cu fructe noaptea

Face un tort de 20 cm/8in

450 g/1 lb/4 căni de făină simplă (universal)

225 g/8 oz/11/3 cesti coacaze

225 g / 8 oz / 11/3 cani sultane (stafide aurii)

225 g/8 oz/1 cană zahăr brun moale

50 g/2 oz/1/3 cană coajă amestecată (confiată) tocată

175 g/6 oz/¾ cană untură (scurtare)

15 ml/1 lingură sirop auriu (porumb ușor).

10 ml/2 lingurite bicarbonat (bicarbonat de sodiu)

15 ml/1 lingura lapte

300 ml/½ pt/1¼ cani de apă

Se amestecă făina, fructele, zahărul și coaja. Topiți untura și siropul împreună și amestecați în amestec. Dizolvați bicarbonatul în lapte și amestecați în amestecul de prăjitură cu apa. Se pune intr-o tava unsa de 20 cm/8 in, se acopera si se lasa peste noapte.

Coaceți prăjitura într-un cuptor preîncălzit la 160°C/375°F/gaz 3 timp de 1¾ de oră până când o frigărui introdusă în centru iese curată.

Prajitura cu stafide si condimente

Pentru o pâine de 900 g/2 lb

225 g/8 oz/1 cană zahăr brun moale

300 ml/½ pt/1¼ cani de apă

100 g/4 oz/½ cană unt sau margarină

15 ml/1 lingura sirop negru (melasa)

175 g/6 oz/1 cană stafide

5 ml/1 lingurita scortisoara macinata

2. 5 ml/½ linguriță nucșoară rasă

2,5 ml/½ linguriță ienibahar

225 g/8 oz/2 căni de făină simplă (universal)

5 ml/1 linguriță praf de copt

5 ml/1 lingurita bicarbonat (bicarbonat de sodiu)

Topiţi zahărul, apa, untul sau margarina, siropul de melasă, stafidele şi condimentele într-o cratiţă mică la foc mediu, amestecând constant. Se aduce la fierbere şi se fierbe timp de 5 minute. Luaţi de pe foc şi amestecaţi ingredientele rămase. Puneti amestecul intr-o tava de 900 g/2lb unsa si tapetata si coaceti in cuptorul preincalzit la 180°C/350°F/marca gaz 4 timp de 50 de minute pana cand o frigaruie introdusa in centru iese curata.

Plăcintă Richmond

Face un tort de 15 cm/6 inci

225 g/8 oz/2 căni de făină simplă (universal)

Putina sare

75 g/3 oz/1/3 cană unt sau margarină

100 g/4 oz/½ cană de zahăr (superfin).

2,5 ml/½ linguriță praf de copt

100 g/4 oz/2/3 cană coacăze

2 ouă, bătute

Puțin lapte

Puneți făina și sarea într-un bol și frecați untul sau margarina până când amestecul seamănă cu pesmet. Se amestecă zahărul, praful de copt și coacăzele. Adăugați ouăle și suficient lapte pentru a se amesteca într-un aluat ferm. Se transformă într-o formă de tort de 15 cm/6 tapetată cu pergament. Coacem in cuptorul preincalzit la 190°C/375°F/gaz marca 5 pentru aproximativ 45 de minute sau pana cand o frigaruie introdusa in centru iese curata. Se lasa sa se raceasca pe un gratar.

Prajitura cu fructe cu sofran

Face două prăjituri de 450 g/1 lb

2,5 ml/½ linguriță fire de șofran

Apa fierbinte

15 g/½ oz drojdie proaspătă sau 20 ml/4 lingurițe drojdie uscată

900 g/2 lb/8 căni de făină simplă (universal)

225 g/8 oz/1 cană de zahăr (superfin).

2,5 ml/½ linguriță de condimente amestecate (plăcintă cu mere).

Putina sare

100 g/4 oz/½ cană untură (scurtare)

100 g/4 oz/½ cană unt sau margarină

300 ml/½ pt/1¼ cană lapte cald

350 g/12 oz/2 căni de fructe amestecate uscate (amestec de prăjituri cu fructe)

50 g / 2 oz / 1/3 cană coajă amestecată (confiată) tocată

Toacă mărunt firele de șofran și le înmoaie peste noapte în 45 ml/3 linguri de apă caldă.

Amestecați drojdia cu 30 ml/2 linguri de făină, 5 ml/1 linguriță de zahăr și 75 ml/5 linguri de apă caldă și lăsați la spumă la loc cald timp de 20 de minute.

Amestecați restul de făină și zahăr cu condimentele și sarea. Masati untura si untul sau margarina pana cand amestecul seamana cu pesmetul, apoi faceti un godeu in centru. Adăugați amestecul de drojdie, șofranul și lichidul de șofran, laptele cald, fructele și coaja amestecată și amestecați până la un aluat moale. Se pune intr-un vas uns cu ulei, se acopera cu folie alimentara (folie de plastic) si se lasa la loc caldut 3 ore.

Formaţi două pâini, puneţi-le în două forme unse de 450g/1lb şi coaceţi în cuptorul preîncălzit la 220°C/450°F/Gas Mark 7 timp de 40 de minute, până când se ridică bine şi devine maro auriu.

Plăcintă cu fructe cu băutură răcoritoare

Face o prăjitură de 450 g/1 lb

225 g/8 oz/2 căni de făină simplă (universal)

1,5 ml/¼ linguriță sare

Un praf de bicarbonat de sodiu (bicarbonat de sodiu)

50 g/2 oz/¼ cană unt sau margarină

50 g/2 oz/¼ cană zahăr (superfin).

100 g / 4 oz / 2/3 cană amestec de fructe uscate (amestec de prăjitură cu fructe)

150 ml/¼ pt/2/3 cană lapte acru sau lapte cu 5 ml/1 linguriță suc de lămâie

5 ml/1 lingurita sirop negru (melasa)

Se amestecă făina, sarea şi bicarbonatul de sodiu într-un castron. Frecaţi untul sau margarina până când amestecul seamănă cu pesmet. Se amestecă zahărul şi fructele şi se amestecă bine. Se încălzeşte laptele şi siropul până când siropul se topeşte, apoi se adaugă la ingredientele uscate şi se amestecă până la un aluat ferm. Se pune într-o tavă unsă de 450 g/1 lb şi se coace într-un cuptor preîncălzit la 190°C/375°F/marca de gaz 5 timp de aproximativ 45 de minute până când se rumenesc.

Tort rapid cu fructe

Face un tort de 20 cm/8in

450 g/1 lb/22/3 cesti amestec de fructe uscate (amestec de prajitura cu fructe)

225 g/8 oz/1 cană zahăr brun moale

100 g/4 oz/½ cană unt sau margarină

150 ml/¼ pt/2/3 cană de apă

2 ouă, bătute

225 g / 8 oz / 2 căni de făină auto-crescătoare

Aduceți fructele, zahărul, untul sau margarina și apa la fiert, acoperiți și fierbeți ușor timp de 15 minute. Lasa sa se raceasca. Se amestecă ouăle și făina, apoi se pun într-o tavă de 20 cm/8 tapetată cu pergament și se coace în cuptorul preîncălzit la 150°C/300°F/marcă gaz 3 timp de 1 oră și jumătate până când blatul se rumenește și se micșorează. din lateralele cutiei.

Tort cu fructe cu ceai fierbinte

Face o prăjitură de 900 g/2 lb

450 g/1 lb/2½ căni de fructe amestecate uscate (amestec de prăjituri cu fructe)

300 ml/½ pt/1¼ cani de ceai negru fierbinte

350 g/10 oz/1¼ cani de zahăr brun moale

350 g/10 oz/2½ căni de făină auto-crescătoare

1 ou, batut

Pune fructele în ceaiul fierbinte și lasă-l la macerat peste noapte. Se amestecă zahărul, făina și oul și se transformă într-o tavă unsă și tapetată cu hârtie de 900 g/2 lb. Coaceți în cuptorul preîncălzit la 160°C/325°F/gaz 3 timp de 2 ore până când crește bine și devine maro auriu.

Prajitura cu fructe cu ceai rece

Face un tort de 15 cm/6 inci

100 g/4 oz/½ cană unt sau margarină

225 g / 8 oz / 11/3 cani de fructe amestecate uscate (amestec de prajitura cu fructe)

250 ml/8 fl oz/1 cană ceai negru rece

225 g / 8 oz / 2 căni de făină auto-crescătoare

100 g/4 oz/½ cană de zahăr (superfin).

5 ml/1 lingurita bicarbonat (bicarbonat de sodiu)

1 ou mare

Topiţi untul sau margarina într-o tigaie, adăugaţi fructele şi ceaiul şi aduceţi la fiert. Se fierbe timp de 2 minute şi se lasă să se răcească. Se amestecă restul ingredientelor şi se amestecă bine. Se pune într-o formă de tort de 15 cm/6 tapetată cu pergament şi se coace în cuptorul preîncălzit la 160°C/325°F/marcă de gaz 3 timp de 1¼–1½ ore, până când este ferm la atingere. Se lasa sa se raceasca, se serveste in felii si se unge cu unt.

Prajitura cu fructe fara zahar

Face un tort de 20 cm/8in

4 caise uscate

60 ml/4 linguri suc de portocale

250 ml/8 fl oz/1 cană stout

100 g sultane (stafide aurii)

100 g/4 oz/2/3 cană stafide

50 g/2 oz/¼ cană coacăze

50 g/2 oz/¼ cană unt sau margarină

225 g / 8 oz / 2 căni de făină auto-crescătoare

75 g/3 oz/¾ cană nuci amestecate tocate

10 ml/2 linguriță de condimente amestecate (plăcintă cu mere).

5 ml/1 lingurita praf de cafea instant

3 oua, batute usor

15 ml/1 lingură coniac sau whisky

Înmuiați caisele în sucul de portocale până se înmoaie și se toacă mărunt. Puneți într-o tigaie cu fructele grele, uscate și untul sau margarina, aduceți la fiert și fierbeți timp de 20 de minute. Lasa sa se raceasca.

Se amestecă făina, nucile, condimentele și cafeaua împreună. Amestecați amestecul solid, ouăle și coniac sau whisky. Turnați amestecul într-o formă de tort de 20 cm/8in unsă și tapetată cu pergament și coaceți în cuptorul preîncălzit la 180°C/350°F/marca de gaz 4 timp de 20 de minute. Reduceți temperatura cuptorului la 150°C/300°F/marca de gaz 2 și coaceți încă o oră și jumătate sau până când o frigărui introdusă în centru iese curată. Acoperiți blatul cu hârtie de ceară (ceară) spre sfârșitul timpului de gătire dacă devine prea maro. Lăsați să se răcească în tavă timp de 10 minute înainte de a transfera pe un grătar pentru a se răci.

Prăjituri mici cu fructe

Face 48

100 g/4 oz/½ cană unt sau margarină, înmuiată

225 g/8 oz/1 cană zahăr brun moale

2 oua, batute usor

175 g / 6 oz / 1 cană curmale fără sâmburi, tocate

50 g/2 oz/½ cană nuci amestecate tocate

15 ml/1 lingură coajă de portocală rasă

225 g/8 oz/2 căni de făină simplă (universal)

5 ml/1 lingurita bicarbonat (bicarbonat de sodiu)

2,5 ml/½ linguriță sare

150 ml/¼ pt/2/3 cană zară

6 cireșe glacé (confiate), feliate

Glazură de prăjitură cu fructe de portocale

Bateți untul sau margarina și zahărul până devine ușor și pufos. Bateți ouăle puțin câte puțin. Se amestecă curmalele, nucile și coaja de portocală. Se amestecă făina, bicarbonatul de sodiu și sarea. Se adauga in amestec alternativ cu zara si se bate pana se omogenizeaza bine. Se pun în forme unse de 5 cm/2 pentru brioșe și se decorează cu cireșe. Coacem in cuptorul preincalzit la 190°C/375°F/gaz marca 5 timp de 20 de minute pana cand o frigaruie introdusa in centru iese curata. Transferați pe un suport de răcire și lăsați să stea până se încălzește, apoi ungeți cu glazură de portocale.

Prajitura cu fructe cu otet

Face un tort de 23 cm/9in

225 g/1 cană unt sau margarină

450 g/1 lb/4 căni de făină simplă (universal)

225 g / 8 oz / 11/3 cani sultane (stafide aurii)

100 g/4 oz/2/3 cană stafide

100 g/4 oz/2/3 cană coacăze

225 g/8 oz/1 cană zahăr brun moale

5 ml/1 lingurita bicarbonat (bicarbonat de sodiu)

300 ml/½ pt/1¼ cani de lapte

45 ml/3 linguri oțet de malț

Frecați untul sau margarina în făină până când amestecul seamănă cu pesmet. Se amestecă fructele și zahărul și se face un godeu în centru. Amestecați bicarbonatul de sodiu, laptele și oțetul - amestecul va face spumă. Se amestecă ingredientele uscate până se omogenizează bine. Turnați amestecul într-o tavă de tort de 23 cm/9in unsă și unsă cu unsoare și coaceți în cuptorul preîncălzit la 200°C/400°F/marca de gaz 6 timp de 25 de minute. Reduceți temperatura cuptorului la 160°C/325°F/marca de gaz 3 și coaceți încă o oră și jumătate până când devine maro auriu și ferm la atingere. Se lasa sa se raceasca in tava 5 minute si apoi se transfera pe un gratar pentru a se raci.

Plăcintă cu whisky Virginia

Face o prăjitură de 450 g/1 lb

100 g/4 oz/½ cană unt sau margarină, înmuiată

50 g/2 oz/¼ cană zahăr (superfin).

3 ouă, separate

175 g/6 oz/1½ cani de făină universală

5 ml/1 linguriță praf de copt

Un praf de nucsoara rasa

Un vârf de buzdugan măcinat

120 ml/4 fl oz/½ cană port

30 ml/2 linguri coniac

100 g / 4 oz / 2/3 cană amestec de fructe uscate (amestec de prăjitură cu fructe)

120 ml/4 fl oz/½ cană de whisky

Se amestecă untul și zahărul până se omogenizează. Se amestecă gălbenușurile. Se amestecă făina, praful de copt și condimentele și se amestecă în amestec. Se amestecă portocul, țuica și fructele uscate. Albusurile se bat spuma pana formeaza varfuri moi si apoi se unesc in amestec. Se pune într-o tavă unsă de 450 g/1 lb și se coace într-un cuptor preîncălzit la 160°C/325°F/marcă gaz 3 timp de 1 oră până când o frigărui introdusă în centru iese curată. Se lasa sa se raceasca in forma, se toarna whisky-ul peste prajitura si se lasa in forma 24 de ore inainte de a se felia.

Plăcintă cu fructe galeze

Face un tort de 23 cm/9in

50 g/2 oz/¼ cană unt sau margarină

50 g/2 oz/¼ cană untură (scurtare)

225 g/8 oz/2 căni de făină simplă (universal)

Putina sare

10 ml/2 lingurițe praf de copt

100 g/4 oz/½ cană zahăr demerara

175 g / 6 oz / 1 cană amestec de fructe uscate (amestec de prăjitură cu fructe)

Coaja rasă și suc de ½ lămâie

1 ou, batut usor

30 ml/2 linguri lapte

Frecaţi untul sau margarina și untura în făină, sare și praf de copt până când amestecul seamănă cu pesmet. Se amestecă zahărul, fructele și coaja și sucul de lămâie, se amestecă oul și laptele și se frământă într-un aluat moale. Formaţi o tavă pătrată de copt de 23 cm/9 tapetată cu uns și coaceţi în cuptorul preîncălzit la 200°C/400°F/marca de gaz 6 timp de 20 de minute până când crește și devine maro auriu.

Tort alb cu fructe

Face un tort de 23 cm/9in

100 g/4 oz/½ cană unt sau margarină, înmuiată

225 g/8 oz/1 cană de zahăr (superfin).

5 oua, batute usor

350 g/12 oz/2 căni de fructe amestecate uscate

350 g/12 oz/2 căni sultane (stafide aurii)

100 g/2/3 cană curmale fără sâmburi, tocate

100 g/4 oz/½ cană cireșe glacé (confiate), tocate

100 g/ cană glacé (confiat) ananas, tocat

100 g/4 oz/1 cană nuci amestecate tocate

225 g/8 oz/2 căni de făină simplă (universal)

10 ml/2 lingurițe praf de copt

2,5 ml/½ linguriță sare

60 ml/4 linguri suc de ananas

Bateți untul sau margarina și zahărul până devine ușor și pufos. Adaugam treptat ouale batand bine dupa fiecare adaugare. Se amestecă toate fructele, nucile și puțină făină până când ingredientele sunt bine acoperite cu făină. Se amestecă praful de copt și sarea în făina rămasă, apoi se amestecă în amestecul de ouă alternativ cu sucul de ananas până se combină uniform. Se amestecă fructele și se amestecă bine. Se pune intr-o tava (tava) de 23 cm/9 tapetata cu unt si se coace in cuptorul preincalzit la 140°C/275°F/marca de gaz 1 pentru aproximativ 2 ore si jumatate pana cand o frigarui introdusa in centru iese curata. Lăsați să se răcească în tavă timp de 10 minute înainte de a transfera pe un grătar pentru a se răci.

Plăcintă cu mere

Face un tort de 20 cm/8in

175 g/6 oz/1½ cani de făină auto-crescătoare

5 ml/1 linguriță praf de copt

Putina sare

150 g/5 oz/2/3 cană unt sau margarină

150 g/5 oz/2/3 cană zahăr (superfin).

1 ou, batut

175 ml/6 fl oz/¾ cană de lapte

3 mere de mâncare (desert), decojite, dezlipite și feliate

2,5 ml/½ linguriță scorțișoară măcinată

15 ml/1 lingura miere limpede

Se amestecă făina, puterea de copt și sarea. Frecați untul sau margarina până când amestecul seamănă cu pesmet, apoi amestecați zahărul. Amestecați oul și laptele. Se toarnă amestecul într-o formă de chec unsă și tapetată cu hârtie de copt (forma) de 20 cm / 8 și se presează cu grijă feliile de mere deasupra. Stropiți cu scorțișoară și stropiți cu miere. Coaceți într-un cuptor preîncălzit la 200°C/400°F/marca de gaz 6 timp de 45 de minute până când devine maro auriu și ferm la atingere.

Plăcintă crocantă cu mere condimentată

Face un tort de 20 cm/8in

75 g/3 oz/1/3 cană unt sau margarină

175 g/6 oz/1½ cani de făină auto-crescătoare

50 g/2 oz/¼ cană zahăr (superfin).

1 ou

75 ml/5 linguri apă

3 mere de mâncare (desert), curățate de coajă, fără miez și tăiate felii

Pentru topping:

75 g/3 oz/1/3 cană zahăr demerara

10 ml/2 linguri de scorțișoară măcinată

25 g/2 linguri de unt sau margarină

Frecați untul sau margarina în făină până când amestecul seamănă cu pesmet. Se amestecă zahărul și se amestecă oul și apa pentru a forma un aluat moale. Adăugați puțină apă dacă amestecul este prea uscat. Răspândiți aluatul într-o formă de tort de 20 cm/8in (forma) și presați merele în aluat. Se presara cu zahar demerara si scortisoara si se stropesc cu unt sau margarina. Coaceți în cuptorul preîncălzit la 180°C/350°F/gaz 4 timp de 30 de minute până când devine maro auriu și ferm la atingere.

Plăcuță de mere americană

Face un tort de 20 cm/8in

50 g/2 oz/¼ cană unt sau margarină, moale

225 g/8 oz/1 cană zahăr brun moale

1 ou, batut usor

5 ml/1 lingurita esenta de vanilie (extract)

100 g / 4 oz / 1 cană făină simplă (toate scopuri)

2,5 ml/½ linguriță praf de copt

2,5 ml/½ linguriță bicarbonat (bicarbonat de sodiu)

2,5 ml/½ linguriță sare

2,5 ml/½ linguriță scorțișoară măcinată

2,5 ml/½ linguriță nucșoară rasă

Mănâncă 450 g (desert) mere, decojite, dezlipite și tăiate cubulețe

25 g migdale, tocate

Bateți untul sau margarina și zahărul până devine ușor și pufos. Se bate treptat oul si esenta de vanilie. Combinați făina, praful de copt, bicarbonatul de sodiu, sarea și condimentele și amestecați în amestec până se omogenizează. Se amestecă merele și nucile. Se pune intr-o tava patrata de 20 cm/8in tapetata cu pergament si se coace in cuptorul preincalzit la 180°C/350°F/Gas Mark 4 timp de 45 de minute pana cand o frigarui introdusa in centru iese curata.

Plăcintă cu piure de mere

Face o prăjitură de 900 g/2 lb

100 g/4 oz/½ cană unt sau margarină, înmuiată

225 g/8 oz/1 cană zahăr brun moale

2 oua, batute usor

225 g/8 oz/2 căni de făină simplă (universal)

5 ml/1 lingurita scortisoara macinata

2,5 ml/½ linguriță nucșoară rasă

100 g / 1 cană sos de mere (sos)

5 ml/1 lingurita bicarbonat (bicarbonat de sodiu)

30 ml/2 linguri apă fierbinte

Bateți untul sau margarina și zahărul până devine ușor și pufos. Se amestecă treptat ouăle. Se amestecă făina, scorțișoara, nucșoara și sosul de mere. Se amestecă bicarbonatul de sodiu cu apa fierbinte și se amestecă în amestec. Se pune într-o tavă unsă de 900 g/2 lb și se coace într-un cuptor preîncălzit la 180°C/350°F/gaz 4 timp de 1¼ de oră până când o frigărui introdusă în centru iese curată.

Plăcintă cu mere cu cidru

Face un tort de 20 cm/8in

100 g/4 oz/½ cană unt sau margarină, înmuiată

150 g/5 oz/2/3 cană zahăr (superfin).

3 ouă

225 g / 8 oz / 2 căni de făină auto-crescătoare

5 ml/1 linguriță de condimente amestecate (plăcintă cu mere).

5 ml/1 lingurita bicarbonat (bicarbonat de sodiu)

5 ml/1 linguriță praf de copt

150 ml/¼ pt/2/3 cană cidru uscat

2 mere de gătit (plăcintă), curățate de coajă, fără miez și feliate

75 g/3 oz/1/3 cană zahăr demerara

100 g/4 oz/1 cană nuci amestecate tocate

Amestecați untul sau margarina, zahărul, ouăle, făina, condimentele, bicarbonatul de sodiu, praful de copt și 120 ml/4 fl oz/½ cană de cidru până se omogenizează bine, adăugând cidru rămas dacă este necesar pentru a obține un aluat fin. Puneti jumatate din amestec intr-o tava de tort de 20 cm tapetata cu hartie de copt (forma) si acoperiti cu jumatate din feliile de mere. Se amestecă zahărul și nucile și se împarte jumătate peste mere. Deasupra se pune cu lingura amestecul de prajitura ramas si se orneaza cu merele ramase si restul amestecului de zahar si nuci. Coaceți într-un cuptor preîncălzit la 180°C/350°F/gaz 4 timp de 1 oră până când devine maro auriu și ferm la atingere.

Tort cu mere-scortisoara

Face un tort de 23 cm/9in

100 g/4 oz/½ cană unt sau margarină

100 g/4 oz/½ cană de zahăr (superfin).

1 ou, batut usor

100 g / 4 oz / 1 cană făină simplă (toate scopuri)

5 ml/1 linguriță praf de copt

30 ml/2 linguri lapte (optional)

2 mere mari (plăcintă) care fierb, decojite, dezlipite și tăiate felii

30 ml/2 linguri (superfin) zahăr tos

5 ml/1 lingurita scortisoara macinata

25 g migdale, tocate

30 ml/2 linguri zahăr demerara

Bateţi untul sau margarina şi zahărul până devine uşor şi pufos. Bateţi treptat oul, apoi adăugaţi făina şi praful de copt. Amestecul ar trebui să fie destul de rigid; daca este prea tare se adauga putin lapte. Pune jumătate din amestec într-o formă de tort (tavă) unsă şi unsă cu fundul liber de 23 cm/9in. Aranjaţi feliile de mere deasupra. Se amestecă zahărul şi scorţişoara şi se presară migdalele peste mere. Acoperiţi cu amestecul de prăjitură rămas şi stropiţi cu zahăr demerara. Coacem in cuptorul preincalzit la 180°C/350°F/gaz marca 4 timp de 30-35 minute pana cand o frigaruie introdusa in centru iese curata.

plăcintă spaniolă cu mere

Face un tort de 23 cm/9in

175 g/6 oz/¾ cană unt sau margarină

6 mere Cox's care mănâncă (desert), curățate, dezlipite și tăiate felii

30 ml/2 linguri rachiu de mere

175 g/6 oz/¾ cană zahăr (superfin).

150 g/5 oz/1¼ cani de făină simplă (toate scopuri)

10 ml/2 lingurițe praf de copt

5 ml/1 lingurita scortisoara macinata

3 oua, batute usor

45 ml/3 linguri lapte

Pentru glazura:

60 ml/4 linguri gem de caise (conservat), strecurat (scurcat)

15 ml/1 lingura rachiu de mere

5 ml/1 lingurita faina de porumb (faina de porumb)

10 ml/2 lingurite apa

Topiți untul sau margarina într-o tigaie mare (tigaia) și gătiți bucățile de mere la foc mic timp de 10 minute, amestecând o dată pentru a le acoperi cu unt. Se ia de pe foc. Se toacă mărunt o treime din mere, se adaugă țuica de mere și se amestecă zahărul, făina, praful de copt și scorțișoara. Adăugați ouăle și laptele și turnați amestecul într-o formă de tort unsă și făinată cu fundul liber de 23 cm/9in (forma). Puneți deasupra feliile de mere rămase. Coaceți într-un cuptor preîncălzit la 180°C/350°F/marca de gaz 4 timp de 45 de minute până când crește bine și devine maro auriu și începe să se micșoreze de pe părțile laterale ale formei.

Se încălzește dulceața și țuica împreună pentru a face glazura. Amestecați amidonul de porumb cu apa până la o pastă și adăugați dulceața și coniacul. Gatiti cateva minute, amestecand, pana limpede. Ungeți tortul cald cu el și lăsați-l să se răcească timp de 30 de minute. Scoateți părțile laterale ale formei de tort, reîncălziți glazura și periați-o a doua oară. Lasa sa se raceasca.

Prajitura cu mere si sultana

Face un tort de 20 cm/8in

350 g/12 oz/3 căni de făină auto-levantă

Putina sare

2,5 ml/½ linguriță scorțișoară măcinată

225 g/1 cană unt sau margarină

175 g/6 oz/¾ cană zahăr (superfin).

100 g sultane (stafide aurii)

450 g mere care fierb (ascuțite), curățate de coajă, fără miez și tocate mărunt

2 oua

Puțin lapte

Amestecați făina, sarea și scorțișoara și amestecați untul sau margarina până când amestecul seamănă cu pesmet. Se amestecă zahărul. Faceți o groapă în centru și adăugați sultanele, merele și ouăle și amestecați bine, adăugând puțin lapte pentru a obține un amestec ferm. Se pune într-o formă de tort unsă de 20 cm/8in și se coace în cuptorul preîncălzit la 180°C/350°F/marcă 4 timp de aproximativ 1½-2 ore până când este ferm la atingere. Serviți cald sau rece.

Plăcintă cu mere cu susul în jos

Face un tort de 23 cm/9in

2 mere de desert, curatate de coaja, fara miez si taiate felii subtiri

75 g/3 oz/1/3 cană zahăr brun moale

45 ml/3 linguri stafide

30 ml/2 linguri suc de lamaie

Pentru tort:

200 g/7 oz/1¾ cani de făină simplă (toate scopuri)

50 g/2 oz/¼ cană zahăr (superfin).

10 ml/2 lingurițe praf de copt

5 ml/1 lingurita bicarbonat (bicarbonat de sodiu)

5 ml/1 lingurita scortisoara macinata

Putina sare

120 ml/4 fl oz/½ cană de lapte

50 g/2 oz/½ cană sos de mere (sos)

75 ml/5 linguri ulei

1 ou, batut usor

5 ml/1 lingurita esenta de vanilie (extract)

Se amestecă merele, zahărul, stafidele și sucul de lămâie și se aranjează în fundul unei forme de chec unse de 23 cm. Amestecați ingredientele uscate de prăjitură și faceți un godeu în centru. Se amestecă laptele, sosul de mere, uleiul, oul și esența de vanilie și se amestecă în ingredientele uscate până se omogenizează. Se pune în tava de tort și se coace în cuptorul preîncălzit la 180°C/350°F/marca de gaz 4 timp de 40 de minute, până când prăjitura devine maro aurie și se micșorează de pe părțile laterale

ale formei. Lăsaţi să se răcească în tavă timp de 10 minute şi răsturnaţi cu grijă pe o farfurie. Serviţi cald sau rece.

Tort cu caise

Pentru o pâine de 900 g/2 lb

225 g/1 cană unt sau margarină, moale

225 g/8 oz/1 cană de zahăr (superfin).

2 oua, bine batute

6 caise coapte, fără sâmburi (sămânțate), curățate de coajă și piure

300 g/11 oz/2¾ cani de făină simplă (toate scopuri)

5 ml/1 lingurita bicarbonat (bicarbonat de sodiu)

Putina sare

75 g/3 oz/¾ cană migdale, tocate

Bateţi untul sau margarina și zahărul până devine cremos. Se bat treptat ouăle, apoi se amestecă caisele. Se amestecă făina, bicarbonatul de sodiu și sarea. Se amestecă nucile. Se pune intr-o tava de 900 g/2lb unsa cu faina si se coace in cuptorul preincalzit la 180°C/350°F/Gas Mark 4 timp de 1 ora pana cand o frigarui introdusa in centru iese curata. Se lasa sa se raceasca in forma inainte de a le intoarce.

Tort cu caise si ghimbir

Face un tort de 18 cm/7in

100 g / 4 oz / 1 cană făină auto-crescătoare

100 g/4 oz/½ cană zahăr brun moale

10 ml/2 lingurițe pudră de ghimbir

100 g/4 oz/½ cană unt sau margarină, înmuiată

2 oua, batute usor

100 g/4 oz/2/3 cana caise uscate gata de consumat, tocate

50 g/2 oz/1/3 cană de stafide

Bateți făina, zahărul, ghimbirul, untul sau margarina și ouăle împreună până la omogenizare. Se amestecă caisele și stafidele. Turnați amestecul într-o formă de tort (tavă) de 18 cm/7 tapetată și unsă cu unsoare și coaceți în cuptorul preîncălzit la 180°C/350°F/marca gaz 4 timp de 30 de minute până când o frigărui introdusă în centru iese curată.

Plăcintă cu caise plină

Face un tort de 20 cm/8in

120 ml/4 fl oz/½ cană rachiu sau rom

120 ml/4 fl oz/½ cană suc de portocale

225 g/8 oz/11/3 cani caise uscate gata de consumat, tocate

100 g sultane (stafide aurii)

175 g/6 oz/¾ cană unt sau margarină, moale

45 ml/3 linguri miere limpede

4 ouă, separate

175 g/6 oz/1½ cani de făină auto-crescătoare

10 ml/2 lingurițe praf de copt

Aduceți la fiert coniacul sau romul și sucul de portocale împreună cu caisele și sultanele. Se amestecă bine, apoi se ia de pe foc și se lasă să stea până se răcește. Amestecați untul sau margarina și mierea și amestecați treptat gălbenușurile de ou. Încorporați făina și praful de copt. Bateți albușurile spumă până se întăresc și amestecați-le cu grijă în amestec. Se pune intr-o tava de 20 cm unsa si tapetata cu pergament si se coace in cuptorul preincalzit la 180°C/350°F/Gas Mark 4 timp de 1 ora pana cand o frigarui introdusa in centru iese curata. Se lasa sa se raceasca in forma.

Plăcintă cu banane

Face un tort de 23 x 33 cm / 9 x 13 inch

4 banane coapte, piure

2 oua, batute usor

350 g/12 oz/1½ cani (superfin) zahăr tos

120 ml/4 fl oz/½ cană de ulei

5 ml/1 lingurita esenta de vanilie (extract)

50 g/2 oz/½ cană nuci amestecate tocate

225 g/8 oz/2 căni de făină simplă (universal)

10 ml/2 lingurite bicarbonat (bicarbonat de sodiu)

5 ml/1 lingurita sare

Se amestecă bananele, ouăle, zahărul, uleiul și vanilia. Adăugați ingredientele rămase și amestecați până se omogenizează. Se pune intr-o forma de tort (forma) de 23 x 33 cm/9 x 13 si se coace in cuptorul preincalzit la 180°C/350°F/Gas Mark 4 timp de 45 de minute pana cand o frigarui introdusa in centru iese curata.

Tort cu banane cu topping crocant

Face un tort de 23 cm/9in

100 g/4 oz/½ cană unt sau margarină, înmuiată

300 g/11 oz/11/3 căni (superfin) zahăr tos

2 oua, batute usor

175 g/6 oz/1½ cani de făină universală

2,5 ml/½ linguriță sare

1,5 ml/½ linguriță nucșoară rasă

5 ml/1 lingurita bicarbonat (bicarbonat de sodiu)

75 ml/5 linguri lapte

Câteva picături de esență de vanilie (extract)

4 banane, piure

Pentru topping:

50 g/2 oz/¼ cană zahăr demerara

50 g/2 oz/2 căni de fulgi de porumb, zdrobiți

2,5 ml/½ linguriță scorțișoară măcinată

25 g/2 linguri de unt sau margarină

Bateți untul sau margarina și zahărul împreună până devine ușor și pufos. Bateți treptat ouăle, apoi adăugați făina, sarea și nucșoara. Se amestecă sifonul cu laptele și esența de vanilie și se amestecă în amestecul cu bananele. Se pune într-o formă pătrată de tort de 23 cm/9 unsă și unsă.

Pentru topping, amestecați zahărul, fulgii de porumb și scorțișoara și amestecați untul sau margarina. Se presara peste prajitura si se coace in cuptorul preincalzit la 180°C/350°F/marca de gaz 4 timp de 45 de minute pana la atingere tare.

Buretele cu banane

Face un tort de 23 cm/9in

100 g/4 oz/½ cană unt sau margarină, înmuiată

100 g/4 oz/½ cană de zahăr (superfin).

2 ouă, bătute

2 banane mari coapte, pasate

225 g / 8 oz / 1 cană făină auto-crescătoare

45 ml/3 linguri lapte

Pentru umplutură şi topping:

225 g/8 oz/1 cană cremă de brânză

30 ml/2 linguri de smântână (lactate).

100 g chipsuri de banane uscate

Bateți untul sau margarina și zahărul până devine palid și pufos. Adăugați treptat ouăle și amestecați bananele și făina. Se amestecă laptele până când amestecul capătă o consistență de picurare. Se pune intr-o tava de tort unsa si tapetata cu unt de 23 cm/9 cm si se coace in cuptorul preincalzit la 180°C/350°F/gaz 4 timp de aproximativ 30 de minute pana cand o frigaruie introdusa in centru iese curata. Se intoarce pe un gratar si se lasa sa se raceasca, apoi se taie in jumatate pe orizontala.

Pentru a face toppingul, amestecați crema de brânză și smântâna și folosiți jumătate din amestec pentru a lipi cele două jumătăți de prăjitură. Împărțiți restul amestecului peste el și decorați cu chipsuri de banane.

Prajitura cu banane bogata in fibre

Face un tort de 18 cm/7in

100 g/4 oz/½ cană unt sau margarină, înmuiată

50 g/2 oz/¼ cană zahăr brun moale

2 oua, batute usor

100 g / 4 oz / 1 cană făină integrală (integrală).

10 ml/2 lingurițe praf de copt

2 banane, piure

Pentru umplutura:

225 g/8 oz/1 cană caș (brânză de vaci moale)

5 ml/1 lingurita suc de lamaie

15 ml/1 lingura miere limpede

1 banană, feliată

Zahăr pudră (de cofetarie), cernut, pentru pudrat

Bateţi untul sau margarina şi zahărul până devine uşor şi pufos. Bateţi treptat ouăle, apoi adăugaţi făina şi praful de copt. Se amestecă uşor bananele. Turnaţi amestecul în două forme de tort (tavi) de 7"/7" unse şi tapetate şi coaceţi în cuptorul preîncălzit timp de 30 de minute până când sunt tari la atingere. Lasa sa se raceasca.

Pentru umplutură, bateţi crema de brânză, sucul de lămâie şi mierea împreună şi împărţiţi peste una dintre prăjituri. Deasupra se aseaza feliile de banana si se acopera cu a doua prajitura. Se serveste presarata cu zahar pudra.

Tort cu banane lamaie

Face un tort de 18 cm/7in

100 g/4 oz/½ cană unt sau margarină, înmuiată

175 g/6 oz/¾ cană zahăr (superfin).

2 oua, batute usor

225 g / 8 oz / 2 căni de făină auto-crescătoare

2 banane, piure

Pentru umplutură și topping:

75 ml/5 linguri lemon curd

2 banane, feliate

45 ml/3 linguri suc de lamaie

100 g zahăr pudră (de cofetarie), cernut

Bateți untul sau margarina și zahărul până devine ușor și pufos. Se bat treptat ouale, batand bine dupa fiecare adaugare, apoi se adauga faina si bananele. Puneti amestecul in doua rame unse si tapetate de 18 cm/7 si coaceti in cuptorul preincalzit la 180°C/350°F/gaz marca 4 timp de 30 de minute. Intoarceti si lasati sa se raceasca.

Sandvișează prăjiturile împreună cu lemon curd și jumătate din feliile de banană. Stropiți feliile de banană rămase cu 15 ml/1 lingură suc de lămâie. Se amestecă sucul de lămâie rămas cu zahărul pudră pentru a forma o glazură fermă (glazură). Se intinde glazura peste tort si se decoreaza cu feliile de banana.

Tort cu ciocolata cu banane blender

Face un tort de 20 cm/8in

225 g / 8 oz / 2 căni de făină auto-crescătoare

2,5 ml/½ linguriță praf de copt

40 g/1½ oz/3 linguri lapte praf de ciocolată

2 oua

60 ml / 4 linguri de lapte

150 g/5 oz/2/3 cană zahăr (superfin).

100 g/4 oz/½ cană margarină moale

2 banane coapte, tocate

Se amestecă făina, praful de copt și laptele de ciocolată. Amestecați restul ingredientelor într-un blender sau robot de bucătărie timp de aproximativ 20 de secunde – amestecul va părea închegat. Se toarnă în ingredientele uscate și se amestecă bine. Se transformă într-o formă de tort de 20 cm/8in unsă și tapetată și se coace în cuptorul preîncălzit la 180°C/350°F/gaz 4 timp de aproximativ 1 oră până când o frigărui introdusă în centru iese curată. Transferați pe un grătar pentru a se răci.

Tort cu banane cu arahide

Face o prăjitură de 900 g/2 lb

275 g/10 oz/2½ căni de făină simplă (toate scopuri)

225 g/8 oz/1 cană de zahăr (superfin).

100 g / 4 oz / 1 cană alune, tocate mărunt

15 ml/1 lingura praf de copt

Putina sare

2 oua, separate

6 banane, piure

Coaja rasă și zeama de la 1 lămâie mică

50 g/2 oz/¼ cană unt sau margarină, topit

Se amestecă făina, zahărul, nucile, praful de copt și sarea. Bateți gălbenușurile și amestecați-le în amestecul cu bananele, coaja și sucul de lămâie și untul sau margarina. Bateți albușurile spumă până se întăresc și apoi adăugați-le în amestec. Se pune intr-o tava unsa de 900 g/2 lb si se coace in cuptorul preincalzit la 180°C/350°F/gaz marca 4 timp de 1 ora pana cand o frigaruie introdusa in centru iese curata.

Tort cu stafide cu banane all-in-one

Face o prăjitură de 900 g/2 lb

450 g/1 lb banane coapte, piure

50 g/2 oz/½ cană nuci amestecate tocate

120 ml/4 fl oz/½ cană ulei de floarea soarelui

100 g/4 oz/2/3 cană stafide

75 g/3 oz/¾ cană fulgi de ovăz

150 g/5 oz/1¼ cani de făină integrală (integrală).

1,5 ml/¼ linguriță esență de migdale (extract)

Putina sare

Amestecați toate ingredientele până la un amestec omogen, umed. Se pune intr-o tava de 900 g/2lb unsa si tapetata si se coace intr-un cuptor preincalzit la 190°C/375°F/marca 5 timp de 1 ora pana cand devine maro auriu si o frigarui introdusa in centru iese curata. Lasam sa se raceasca in tava 10 minute inainte de a le intoarce.

Prajitura cu banane si whisky

Face un tort de 25 cm/10 inchi

225 g/1 cană unt sau margarină, moale

450 g/1 lb/2 căni de zahăr brun moale

3 banane coapte, piure

4 oua, batute usor

175 g/6 oz/1½ cani nuci pecan, tocate grosier

225 g / 8 oz / 11/3 cani sultane (stafide aurii)

350 g/12 oz/3 căni de făină simplă (toate scopuri)

15 ml/1 lingura praf de copt

5 ml/1 lingurita scortisoara macinata

2,5 ml/½ linguriță pudră de ghimbir

2,5 ml/½ linguriță nucșoară rasă

150 ml/¼ halbă/2/3 cană de whisky

Bateți untul sau margarina și zahărul până devine ușor și pufos. Se amestecă bananele și se bat treptat ouăle. Amestecați nucile și sultanele cu o lingură mare de făină, apoi într-un bol separat amestecați făina rămasă cu praful de copt și condimentele. Se amestecă făina alternativ cu whisky-ul în amestecul de smântână. Încorporați nucile și sultanele. Turnați amestecul într-o formă de tort neunsă de 25 cm/10 cm și coaceți în cuptorul preîncălzit la 180°C/350°F/Gas Mark 4 timp de 1¼ oră până când devine elastic la atingere. Lăsați să se răcească în tavă timp de 10 minute înainte de a transfera pe un grătar pentru a se răci.

Plăcintă de afine

Face un tort de 23 cm/9in

175 g/6 oz/¾ cană zahăr (superfin).

60 ml/4 linguri ulei

1 ou, batut usor

120 ml/4 fl oz/½ cană de lapte

225 g/8 oz/2 căni de făină simplă (universal)

10 ml/2 lingurițe praf de copt

2,5 ml/½ linguriță sare

225 g afine

Pentru topping:

50 g/2 oz/¼ cană unt sau margarină, topit

100 g/4 oz/½ cană zahăr granulat

50 g/2 oz/¼ cană făină simplă (universal)

2,5 ml/½ linguriță scorțișoară măcinată

Bateți zahărul, uleiul și oul împreună până se omogenizează bine și palid. Se amestecă laptele, apoi se amestecă făina, praful de copt și sarea. Încorporați afinele. Turnați amestecul într-o formă de tort de 23 cm/9 cm unsă și făinată. Se amestecă ingredientele pentru topping și se presară peste amestec. Coaceți în cuptorul preîncălzit la 190°C/375°F/gaz 5 timp de 50 de minute sau până când o frigărui introdusă în centru iese curată. Se serveste fierbinte.

Tort pietruit cu cireșe

Face o prăjitură de 900 g/2 lb

175 g/6 oz/¾ cană unt sau margarină, moale

175 g/6 oz/¾ cană zahăr (superfin).

3 oua, batute

225 g/8 oz/2 căni de făină simplă (universal)

2,5 ml/½ linguriță praf de copt

100 g sultane (stafide aurii)

150 g/5 oz/2/3 cană cireșe glacé (confiate), tăiate în sferturi

225 g/8 oz cireșe proaspete, fără sâmburi și tăiate la jumătate

30 ml/2 linguri gem de caise (conserve)

Bateți untul sau margarina până se înmoaie, apoi adăugați zahărul. Se amestecă ouăle, apoi făina, praful de copt, sultanele și cireșele glazurate. Se pune într-o tavă unsă de 900 g/2 lb și se coace într-un cuptor preîncălzit la 160°C/325°F/marcă de gaz 3 timp de 2 ore și jumătate. Se lasa sa stea in forma timp de 5 minute, apoi se intoarce pe un gratar sa se raceasca.

Aranjați cireșele pe rând deasupra prăjiturii. Aduceți dulceața de caise la fiert într-o cratiță mică, strecurați (sită) și ungeți partea de sus a prăjiturii pentru a se glazura.

Tort cu cirese si nuca de cocos

Face un tort de 20 cm/8in

350 g/12 oz/3 căni de făină auto-levantă

175 g/6 oz/¾ cană unt sau margarină

225 g/8 oz/1 cană cireșe glacé (confiate), tăiate în sferturi

100 g / 4 oz / 1 cană nucă de cocos uscată (mărunțită).

175 g/6 oz/¾ cană zahăr (superfin).

2 oua mari, batute usor

200 ml/7 fl oz/scanează 1 cană de lapte

Puneți făina într-un bol și frecați untul sau margarina până când amestecul seamănă cu pesmet. Turnați cireșele în nuca de cocos, apoi adăugați-le în amestecul cu zahărul și amestecați ușor. Adăugați ouăle și cea mai mare parte a laptelui. Bateți bine, adăugând lapte suplimentar dacă este necesar pentru a obține o consistență netedă de picurare. Se transformă într-o formă unsă și tapetată de 20 cm/8 în formă de tort. Coaceți în cuptorul preîncălzit la 180°C/350°F/gaz 4 timp de 1 oră și jumătate până când o frigărui introdusă în centru iese curată.

Tort cu cireșe și sultană

Face o prăjitură de 900 g/2 lb

100 g/4 oz/½ cană unt sau margarină, înmuiată

100 g/4 oz/½ cană de zahăr (superfin).

3 oua, batute usor

100 g/4 oz/½ cană cireșe glacé (confiate).

350 g/12 oz/2 căni sultane (stafide aurii)

175 g/6 oz/1½ cani de făină universală

Putina sare

Bateți untul sau margarina și zahărul până devine ușor și pufos. Adăugați treptat ouăle. Se amestecă cireșele și stafidele în puțină făină pentru a le îmbrăca, apoi se unește făina rămasă în amestecul cu sare. Se amestecă cireșele și sultanele. Puneti amestecul intr-o tava de 900 g/2lb unsa si tapetata si coaceti in cuptorul preincalzit la 160°C/325°F/Gas Mark 3 timp de 1 ora si jumatate pana cand o frigarui introdusa in centru iese curata.

Tort cu inghetata cu cirese si nuca

Face un tort de 18 cm/7in

100 g/4 oz/½ cană unt sau margarină, înmuiată

100 g/4 oz/½ cană de zahăr (superfin).

2 oua, batute usor

15 ml/1 lingura miere limpede

150 g/5 oz/1¼ cani de făină auto-crescătoare

5 ml/1 linguriță praf de copt

Putina sare

Pentru decor:

225 g/8 oz/11/3 cani de zahar pudra (cofetarii), cernut

30 ml/2 linguri apă

Câteva picături de colorant alimentar roșu

4 cireșe glacé (confiate), tăiate la jumătate

4 jumatati de nuci

Bateţi untul sau margarina şi zahărul până devine uşor şi pufos. Bateţi treptat ouăle şi mierea, apoi adăugaţi făina, praful de copt şi sarea. Turnaţi amestecul într-o formă de tort de 18 cm/8in unsă și tapetată cu pergament şi coaceţi în cuptorul preîncălzit la 190°C/375°F/marca gaz 5 timp de 20 de minute, până când crește bine și ferm la atingere. Lasa sa se raceasca.

Puneţi zahărul pudră într-un castron și amestecaţi treptat suficientă apă pentru a face o glazură tartinabilă (glazură). Întindeţi cea mai mare parte peste partea de sus a tortului. Coloreaza restul glazura cu cateva picaturi de colorant alimentar, adauga putin zahar pudra daca glazura este prea subtire. Se tunează sau se stropește glazura roșie peste prăjitură pentru a se împărți în felii și se decorează cu cireșe și nuci glazurate.

Tort Damson

Face un tort de 20 cm/8in

100 g/4 oz/½ cană unt sau margarină, înmuiată

75 g/3 oz/1/3 cană zahăr brun moale

2 oua, batute usor

225 g / 8 oz / 2 căni de făină auto-crescătoare

450 g chilli, fără sâmburi (sâmbure) și tăiat la jumătate

50 g/2 oz/½ cană nuci amestecate tocate.

Bateți untul sau margarina și zahărul până devin ușor și pufos, apoi adăugați treptat ouăle, batând bine după fiecare adăugare. Încorporați făina și prunele uscate. Turnați amestecul într-o formă de tort (forma) de 20 cm / 8 tapetată cu hârtie de copt și unsă cu uns și stropiți cu nuci. Coaceți în cuptorul preîncălzit la 190°C/375°F/gaz marca 5 timp de 45 de minute până când sunt fermi la atingere. Lăsați să se răcească în tavă timp de 10 minute înainte de a transfera pe un grătar pentru a se răci.

Prajitura cu curmale si nuca

Face un tort de 23 cm/9in

300 ml/½ pt/1¼ cani de apă clocotită

225 g/8 oz/11/3 căni de curmale, fără sâmburi (sâmbure) și tocate

5 ml/1 lingurita bicarbonat (bicarbonat de sodiu)

75 g/3 oz/1/3 cană unt sau margarină, moale

225 g/8 oz/1 cană de zahăr (superfin).

1 ou, batut

275 g/10 oz/2½ căni de făină simplă (toate scopuri)

Putina sare

2,5 ml/½ linguriță praf de copt

50 g/2 oz/½ cană nuci, tocate

Pentru topping:

50 g/2 oz/¼ cană zahăr brun moale

25 g/2 linguri de unt sau margarină

30 ml/2 linguri lapte

Câteva jumătăți de nucă de decorat

Puneti apa, curmalele si sifonul intr-un castron si lasati sa stea 5 minute. Se amestecă untul sau margarina și zahărul până se înmoaie, apoi se amestecă oul cu apa și curmalele. Amestecați făina, sarea și praful de copt și amestecați în amestec împreună cu nucile. Se transformă într-o tavă de tort unsă și tapetată cu 23 cm/9 și se coace în cuptorul preîncălzit la 180°C/350°F/marca de gaz 4 timp de 1 oră până se întărește. Se lasa sa se raceasca pe un gratar.

Pentru topping, amestecați zahărul, untul și laptele până se omogenizează. Se imparte peste prajitura si se decoreaza cu jumatati de nuca.

Tort cu lamaie

Face un tort de 20 cm/8in

175 g/6 oz/¾ cană unt sau margarină, moale

175 g/6 oz/¾ cană zahăr (superfin).

2 ouă, bătute

225 g / 8 oz / 2 căni de făină auto-crescătoare

Sucul și coaja rasă de la 1 lămâie

60 ml / 4 linguri de lapte

Amestecați untul sau margarina și 100 g zahăr la un întreg. Adaugati ouale cate putin, apoi adaugati faina si coaja de lamaie rasa. Se amestecă suficient lapte pentru a obține o consistență netedă. Transferați amestecul într-o formă de tort unsă și tapetată cu unsoare de 20 cm și coaceți într-un cuptor preîncălzit la 180°C/350°F/Gas Mark 4 timp de 1 oră până când crește și devine maro auriu. Se dizolvă zahărul rămas în sucul de lămâie. Înțepăți tortul fierbinte peste tot cu o furculiță și turnați peste el amestecul de suc. Lasa sa se raceasca.

Prajitura cu portocale si migdale

Face un tort de 20 cm/8in

4 ouă, separate

100 g/4 oz/½ cană de zahăr (superfin).

Coaja rasă a 1 portocală

50 g/2 oz/½ cană migdale, tocate mărunt

50 g/2 oz/½ cană migdale măcinate

Pentru sirop:

100 g/4 oz/½ cană de zahăr (superfin).

300 ml/½ pt/1¼ cană suc de portocale

15 ml/1 lingura lichior de portocale (optional)

1 baton de scortisoara

Bateți gălbenușurile, zahărul, coaja de portocală, migdalele și migdalele măcinate împreună. Bateți albușurile spumă până se întăresc și apoi adăugați-le în amestec. Se pune într-o formă de tort (tavă) cu fundul liber de 20 cm/8 unsă cu făină și se coace în cuptorul preîncălzit la 180°C/350°F/Marca de gaz 4 timp de 45 de minute până când este ferm la atingere. Înțepăți totul cu o frigărui și lăsați-l să se răcească.

Intre timp, dizolvati zaharul in sucul de portocale si eventual lichiorul la foc mic cu batonul de scortisoara, amestecand din cand in cand. Se aduce la fierbere și se fierbe până la un sirop subțire. Aruncați scorțișoara. Peste tort se pune siropul caldut si se lasa sa se absoarba.

Prajitura cu fulgi de ovaz

Face o prăjitură de 900 g/2 lb

100 g/4 oz/1 cană fulgi de ovăz

300 ml/½ pt/1¼ cani de apă clocotită

100 g/4 oz/½ cană unt sau margarină, înmuiată

225 g/8 oz/1 cană zahăr brun moale

225 g/8 oz/1 cană de zahăr (superfin).

2 oua, batute usor

175 g/6 oz/1½ cani de făină universală

10 ml/2 lingurițe praf de copt

5 ml/1 lingurita bicarbonat (bicarbonat de sodiu)

5 ml/1 lingurita scortisoara macinata

Înmuiați fulgii de ovăz în apă clocotită. Bateți untul sau margarina și zaharurile până devin ușoare și pufoase. Bateți treptat ouăle, apoi adăugați făina, praful de copt, bicarbonatul de sodiu și scorțișoara. La sfârșit, adăugați amestecul de fulgi de ovăz și amestecați până se omogenizează bine. Se pune într-o tavă de pâine unsă și tapetată cu unsoare de 900 g/2 lb și se coace într-un cuptor preîncălzit la 180°C/350°F/gaz marca 4 timp de aproximativ 1 oră până când este ferm la atingere.

Tort cu mandarină înghețată cu tartă

Face un tort de 20 cm/8in

175 g/6 oz/3/4 cană margarină moale pentru baie

250 g/9 oz/generos 1 cană de zahăr (superfin).

225 g / 8 oz / 2 căni de făină auto-crescătoare

5 ml/1 linguriță praf de copt

3 ouă

Coaja rasa fin si zeama de la 1 portocala mica

300 g/11 oz/1 cutie medie de mandarine, bine scurse

Coaja rasa fin si zeama de 1/2 lamaie

Amestecaţi margarina, 175 g zahăr, făina, praful de copt, ouăle, coaja de portocale şi sucul într-un robot de bucătărie sau bateţi cu un bătător electric până se omogenizează. Tăiaţi grosier mandarinele şi împăturiţi-le. Se pune intr-o tava de tort unsa si tapetata cu pergament de 20 cm/8in. Neteziţi suprafaţa. Coacem in cuptorul preincalzit la 180°C/350°F/gaz 4 timp de 1 ora si 10 minute sau pana cand o frigaruie introdusa in centru iese curata. Lasam sa se raceasca 5 minute, apoi scoatem din forma si asezam pe un gratar. Între timp, amestecaţi zahărul rămas cu coaja de lămâie şi sucul pentru a forma o pastă. Se imparte deasupra si se lasa sa se raceasca.

Plăcintă cu portocale

Face un tort de 20 cm/8in

175 g/6 oz/¾ cană unt sau margarină, moale

175 g/6 oz/¾ cană zahăr (superfin).

2 ouă, bătute

225 g / 8 oz / 2 căni de făină auto-crescătoare

Sucul și coaja rasă de 1 portocală

60 ml / 4 linguri de lapte

Amestecați untul sau margarina și 100 g zahăr la un întreg. Adaugati ouale cate putin, apoi adaugati faina si coaja rasa de portocala. Se amestecă suficient lapte pentru a obține o consistență netedă. Transferați amestecul într-o formă de tort (tavă) de 20 cm/8 tapetată cu uns și coaceți în cuptorul preîncălzit la 180°C/350°F/marca de gaz 4 timp de 1 oră până când crește și devine maro auriu. Se dizolvă zahărul rămas în sucul de portocale. Înțepăți tortul fierbinte peste tot cu o furculiță și turnați peste el amestecul de suc. Lasa sa se raceasca.

Plăcintă cu piersici

Face un tort de 23 cm/9in

100 g/4 oz/½ cană unt sau margarină, înmuiată

225 g/8 oz/1 cană de zahăr (superfin).

3 ouă, separate

450 g/1 lb/4 căni de făină simplă (universal)

Putina sare

5 ml/1 lingurita bicarbonat (bicarbonat de sodiu)

120 ml/4 fl oz/½ cană de lapte

225 g / 8 oz / 2/3 cană gem de piersici (conservă)

Bateţi untul sau margarina şi zahărul până devine cremos. Bateţi treptat gălbenuşurile, apoi adăugaţi făina şi sarea. Amestecaţi bicarbonatul de sodiu cu laptele, amestecaţi în amestecul de tort, urmat de dulceaţă. Bateţi albuşurile spumă până se întăresc şi apoi adăugaţi-le în amestec. Se pune în două forme de tort (tavi) de 23 cm/9 tapetate cu unt şi se coace în cuptorul preîncălzit la 180°C/350°F/marca de gaz 4 timp de 25 de minute până când s-au ridicat bine şi sunt elastice la atingere.

Prajitura cu portocale si Marsala

Face un tort de 23 cm/9in

175 g/6 oz/1 cană sultane (stafide aurii)

120 ml/4 fl oz/½ cană Marsala

175 g/6 oz/¾ cană unt sau margarină, moale

100 g/4 oz/½ cană zahăr brun moale

225 g/8 oz/1 cană de zahăr (superfin).

3 oua, batute usor

Coaja rasa fin a unei portocale

5 ml/1 linguriță apă de floare de portocal

275 g/10 oz/2½ căni de făină simplă (toate scopuri)

10 ml/2 lingurite bicarbonat (bicarbonat de sodiu)

Putina sare

375 ml/13 fl oz/1½ cani de zară

Glazură de lichior de portocale

Înmuiaţi sultanele peste noapte în Marsala.

Bateţi untul sau margarina și zaharurile până devin ușoare și pufoase. Bateţi treptat ouăle, apoi amestecaţi coaja de portocală și apa de floare de portocal. Adăugaţi făina, sifonul și sarea alternativ cu zara. Se amestecă sultanele înmuiate și Marsala. Se pune în două forme de tort (tavi) de 23 cm/9 tapetate cu unt și se coace în cuptorul preîncălzit la 180°C/350°F/Gas Mark 4 timp de 35 de minute, până când devine elastic la atingere și începe să se strângă de pe părţile laterale ale formelor. . Se lasa sa se raceasca in forme timp de 10 minute inainte de a se transfera pe un gratar pentru a se raci.

Sandwich prajiturile impreuna cu jumatate din glazura de lichior de portocale si intindeti deasupra glazura ramasa.

Plăcintă cu piersici și pere

Face un tort de 23 cm/9in

175 g/6 oz/¾ cană unt sau margarină, moale

150 g/5 oz/2/3 cană zahăr (superfin).

2 oua, batute usor

75 g/3 oz/¾ cană făină integrală de grâu (integrală).

75 g/3 oz/¾ cană făină simplă (universal)

10 ml/2 lingurițe praf de copt

15 ml/1 lingura lapte

2 piersici, fără sâmburi (sâmbure), decojite și tocate

2 pere, curatate de coaja, fara miez si tocate

30 ml/2 linguri zahăr pudră (cofetarie), cernut

Bateți untul sau margarina și zahărul până devine ușor și pufos. Bateți treptat ouăle, apoi adăugați făina și praful de copt și adăugați laptele pentru a da amestecului o consistență de picurare. Încorporați piersicile și perele. Turnați amestecul într-o formă de tort unsă și tapetată cu unsoare de 23 cm/9 cm și coaceți în cuptorul preîncălzit la 190°C/375°F/Marca de gaz 5 timp de 1 oră până când crește bine și este elastic la atingere. Lăsați să se răcească în tavă timp de 10 minute înainte de a transfera pe un grătar pentru a se răci. Se presară cu zahăr pudră înainte de servire.

Tort umed cu ananas

Face un tort de 20 cm/8in

100 g/4 oz/½ cană unt sau margarină

350 g/12 oz/2 căni de fructe amestecate uscate (amestec de prăjituri cu fructe)

225 g/8 oz/1 cană zahăr brun moale

5 ml/1 linguriță de condimente amestecate (plăcintă cu mere).

5 ml/1 lingurita bicarbonat (bicarbonat de sodiu)

425g/1 cutie mare ananas zdrobit neindulcit, scurs

225 g / 8 oz / 2 căni de făină auto-crescătoare

2 ouă, bătute

Puneți toate ingredientele, cu excepția făinii și a ouălor, într-o cratiță și încălziți ușor până la punctul de fierbere, amestecând bine. Fierbeți constant timp de 3 minute, apoi lăsați amestecul să se răcească complet. Se amestecă făina, apoi se amestecă treptat ouăle. Transferați amestecul într-o tavă de tort unsă și tapetată cu unsoare de 20 cm/8 inci și coaceți în cuptorul preîncălzit la 180°C/350°F/Gas Mark 4 timp de 1½-1¾ ore până când crește bine și ferm la atingere. Se lasa sa se raceasca in tava.

Tort cu ananas si cirese

Face un tort de 20 cm/8in

100 g/4 oz/½ cană unt sau margarină, înmuiată

100 g / 4 oz / 1 cană zahăr (superfin).

2 ouă, bătute

225 g / 8 oz / 2 căni de făină auto-crescătoare

2,5 ml/½ linguriță praf de copt

2,5 ml/½ linguriță scorțișoară măcinată

175 g/6 oz/1 cană sultane (stafide aurii)

25 g/1 oz/2 linguri glacé (confiate) cireșe

400 g/14 oz/1 cutie mare de ananas, scurs și tocat

30 ml/2 linguri coniac sau rom

Zahăr pudră (de cofetarie), cernut, pentru pudrat

Bateţi untul sau margarina şi zahărul până devine uşor şi pufos. Bateţi treptat ouăle, apoi adăugaţi făina, praful de copt şi scorţişoara. Se amestecă uşor ingredientele rămase. Puneti amestecul intr-o tava de 20 cm unsa si tapetata cu pergament si coaceti in cuptorul preincalzit la 160°C/325°F/Gas Mark 3 timp de 1 ora si jumatate pana cand o frigarui introdusa in centru iese curata. Se lasa sa se raceasca si se serveste pudrata cu zahar pudra.

Natal Ananas Coada

Face un tort de 23 cm/9in

50 g/2 oz/¼ cană unt sau margarină

100 g/4 oz/½ cană de zahăr (superfin).

1 ou, batut usor

150 g/5 oz/1¼ cani de făină auto-crescătoare

Putina sare

120 ml/4 fl oz/½ cană de lapte

Pentru topping:

100 g ananas proaspăt sau conservat, ras grosier

1 lingură (desert) măr, decojit, fără miez și ras grosier

120 ml/4 fl oz/½ cană suc de portocale

15 ml/1 lingura suc de lamaie

100 g/4 oz/½ cană de zahăr (superfin).

5 ml/1 lingurita scortisoara macinata

Topiți untul sau margarina și adăugați zahărul și oul până devine spumos. Se amestecă făina și sarea alternativ cu laptele până se omogenizează. Se pune într-o formă de tort unsă și tapetată cu unsoare de 23 cm/9 (tavă) și se coace în cuptorul preîncălzit la 180°C/350°F/Gas Mark 4 timp de 25 de minute până când devine maro auriu și elastic.

Aduceți toate ingredientele pentru topping la fierbere și fierbeți timp de 10 minute. Peste prăjitura caldă se pune cu lingură și se pune la grătar până când ananasul începe să se rumenească. Se răcește înainte de a servi cald sau rece.

Ananas cu susul în jos

Face un tort de 20 cm/8in

175 g/6 oz/¾ cană unt sau margarină, moale

175 g/6 oz/¾ cană zahăr brun moale

400 g/14 oz/1 cutie mare felii de ananas, scurse și sucul rezervat

4 cireșe glacé (confiate), tăiate la jumătate

2 oua

100 g / 4 oz / 1 cană făină auto-crescătoare

Bateți 75 g/3 oz/1/3 cană unt sau margarină cu 75 g/3 oz/1/3 cană zahăr până când devine ușor și pufos și întindeți-l pe fundul unei forme de tort (tavă) de 20 cm/8 inch unsă. Deasupra se aseaza feliile de ananas si se presara cirese, cu partea convexa in jos. Bateți restul de unt sau margarina și zahărul până devine cremos, apoi bateți treptat ouăle. Se adauga faina si 30 ml/2 linguri de suc de ananas rezervat. Puneți ananasul deasupra și coaceți în cuptorul preîncălzit la 180°C/350°F/marca de gaz 4 timp de 45 de minute până când este ferm la atingere. Se lasă să se răcească în formă timp de 5 minute, apoi se scoate cu grijă din formă și se răstoarnă pe un grătar pentru a se răci.

Plăcintă cu ananas și nucă

Face un tort de 23 cm/9in

225 g/1 cană unt sau margarină, moale

225 g/8 oz/1 cană de zahăr (superfin).

5 ouă

350 g/12 oz/3 căni de făină universală

100 g / 4 oz / 1 cană nuci, tocate grosier

100 g / 4 oz / 2/3 cană glacé (confiat) ananas, tocat

Puțin lapte

Bateți untul sau margarina și zahărul până devine ușor și pufos. Bateți treptat ouăle, apoi adăugați făina, nucile și ananasul, adăugând doar suficient lapte pentru a obține o consistență de picurare. Se pune intr-o tava de tort unsa si tapetata cu unt de 23 cm/9 cm si se coace in cuptorul preincalzit la 150°C/300°F/gaz 2 timp de 1 ora si jumatate pana cand o frigaruie introdusa in centru iese curata.

Plăcintă cu zmeură

Face un tort de 20 cm/8in

100 g/4 oz/½ cană unt sau margarină, înmuiată

200 g/7 oz/scan 1 cană (superfin) zahăr tos

2 oua, batute usor

250 ml/8 fl oz/1 cană smântână acru (lactate).

5 ml/1 lingurita esenta de vanilie (extract)

250 g/9 oz/2¼ cani de făină simplă (universal)

5 ml/1 linguriță praf de copt

5 ml/1 lingurita bicarbonat (bicarbonat de sodiu)

5 ml/1 lingurita pudra de cacao (ciocolata neindulcita)

2,5 ml/½ linguriță sare

100 g zmeura congelata proaspata sau dezghetata

Pentru topping:

30 ml/2 linguri (superfin) zahăr tos

5 ml/1 lingurita scortisoara macinata

Bateți untul sau margarina și zahărul până devine cremos. Se bat treptat ouale, apoi smantana si esenta de vanilie. Adăugați făina, praful de copt, bicarbonatul de sodiu, cacao și sarea. Încorporați zmeura. Se pune într-o formă de tort unsă cu unsoare de 20 cm/8in. Se amestecă zahărul și scorțișoara și se presară deasupra prăjiturii. Coacem in cuptorul preincalzit la 200°C/400°F/gaz 4 timp de 35 de minute pana devine maro auriu si o frigaruie introdusa in centru iese curata. Se presara cu zaharul amestecat cu scortisoara.

Plăcintă cu rubarbă

Face un tort de 20 cm/8in

225 g / 8 oz / 2 căni de făină integrală de grâu (integrală).

10 ml/2 lingurițe praf de copt

10 ml/2 linguri de scorțișoară măcinată

45 ml/3 linguri miere limpede

175 g/6 oz/1 cană sultane (stafide aurii)

2 oua

150 ml/¼ pt/2/3 cană lapte

225 g rubarbă, tocată

30 ml/2 linguri zahăr demerara

Se amestecă toate ingredientele, cu excepția zahărului și a rubarbei. Se amestecă rubarba și se pune într-o formă de tort de 20 cm unsă și unsă cu făină. Se presară cu zahăr. Coaceți în cuptorul preîncălzit la 180°C/350°F/marcajul de gaz 4 timp de 45 de minute până se fixează. Lasam sa se raceasca in tava 10 minute inainte de a le intoarce.

Prajitura cu miere de rubarba

Face două prăjituri de 450 g/1 lb

250 g/9 oz/2/3 cană miere limpede

120 ml/4 fl oz/½ cană de ulei

1 ou, batut usor

15 ml/1 lingura bicarbonat de sodiu (bicarbonat de sodiu)

150 ml/¼ pt/2/3 cană iaurt

75 ml/5 linguri apă

350 g/12 oz/3 căni de făină universală

10 ml/2 lingurite sare

350 g/12 oz rubarbă, tocată mărunt

5 ml/1 lingurita esenta de vanilie (extract)

50 g/2 oz/½ cană nuci amestecate tocate

Pentru topping:

75 g/3 oz/1/3 cană zahăr brun moale

5 ml/1 lingurita scortisoara macinata

15 ml/1 lingura unt sau margarina, topit

Se amestecă mierea și uleiul și se bate oul. Amestecați bicarbonatul de sodiu cu iaurtul și apa până se dizolvă. Se amestecă făina și sarea și se adaugă la amestecul de miere alternativ cu iaurtul. Se amestecă rubarba, esența de vanilie și nucile. Se toarnă în două forme unse și tapetate de 450 g/1 lb (tavi). Se amestecă ingredientele pentru topping și se presară peste prăjituri. Coaceți într-un cuptor preîncălzit la 160°C/325°F/marca de gaz 3 timp de 1 oră până când sunt fermi la atingere și aurii deasupra. Se lasa sa se raceasca in forme timp de 10 minute si apoi se transfera pe un gratar pentru a se raci.

Tort cu sfeclă

Face un tort de 20 cm/8in

250 g/9 oz/1¼ cani de făină simplă (toate scopuri)

15 ml/1 lingura praf de copt

5 ml/1 lingurita scortisoara macinata

Putina sare

150 ml/8 fl oz/1 cană de ulei

300 g/11 oz/11/3 căni (superfin) zahăr tos

3 ouă, separate

150 g sfecla rosie cruda, curatata si rasa grosier

150 g morcovi, rasi grosier

100 g/4 oz/1 cană nuci amestecate tocate

Se amestecă făina, praful de copt, scorțișoara și sarea. Se amestecă uleiul și zahărul. Bateți gălbenușurile, sfecla roșie, morcovul și nucile. Bateți albușurile spumă până se întăresc și amestecați-le în amestec cu o lingură de metal. Turnați amestecul într-o formă de tort de 20 cm/8in unsă și tapetată cu pergament și coaceți-l într-un cuptor preîncălzit la 180°C/350°F/gaz 4 timp de 1 oră până devine elastic la atingere.

Prajitura cu morcovi si banane

Face un tort de 20 cm/8in

175 g/6 oz morcovi, rasi

2 banane, piure

75 g/3 oz/½ cană sultane (stafide aurii)

50 g/2 oz/½ cană nuci amestecate tocate

175 g/6 oz/1½ cani de făină auto-crescătoare

5 ml/1 linguriță praf de copt

5 ml/1 linguriță de condimente amestecate (plăcintă cu mere).

Sucul și coaja rasă de 1 portocală

2 ouă, bătute

75 g/3 oz/1/2 cană zahăr ușor muscovado

100 ml/31/2 fl oz/scan 1/2 cană ulei de floarea soarelui

Se amestecă toate ingredientele până se omogenizează bine. Se pune intr-o tava de tort unsa si tapetata cu unt de 20 cm/8in si se coace in cuptorul preincalzit la 180°C/350°F/gaz 4 timp de 1 ora pana cand o frigaruie introdusa in centru iese curata.

Plăcintă cu morcovi și mere

Face un tort de 23 cm/9in

250 g / 9 oz / 2¼ cani de făină auto-crescătoare

5 ml/1 lingurita bicarbonat (bicarbonat de sodiu)

5 ml/1 lingurita scortisoara macinata

175 g/6 oz/¾ cană zahăr brun moale

Coaja rasa fin a unei portocale

3 ouă

200 ml/7 fl oz/scanează 1 cană de ulei

150 g (desert) mere, decojite, dezlipite si ras

150 g morcovi, rasi

100 g/4 oz/2/3 cana caise uscate gata de consumat, tocate

100 g / 1 cană nuci pecan sau nuci, tocate

Se amestecă făina, bicarbonatul de sodiu și scorțișoara și se amestecă zahărul și coaja de portocală. Bateți ouăle în ulei și adăugați mărul, morcovii și două treimi din caise și nuci. Puneți amestecul de făină și puneți-o într-o formă de tort unsă și unsă cu unsoare de 23 cm/9in. Se presară cu restul de caise și nuci tocate. Coaceți într-un cuptor preîncălzit la 180°C/350°F/marca de gaz 4 timp de 30 de minute până când devine elastic la atingere. Se lasa sa se raceasca putin in tava si se transfera pe un gratar pentru a se raci.

Tort cu scorțișoară cu morcovi

Face un tort de 20 cm/8in

100 g / 4 oz / 1 cană făină integrală (integrală).

100 g / 4 oz / 1 cană făină simplă (toate scopuri)

15 ml/1 lingura scortisoara macinata

5 ml/1 lingurita nucsoara rasa

10 ml/2 lingurițe praf de copt

100 g/4 oz/½ cană unt sau margarină

100 g / 4 oz / 1/3 cană miere limpede

100 g/4 oz/½ cană zahăr brun moale

225 g morcovi, rasi

Amestecați făina, scorțișoara, nucșoara și praful de copt într-un castron. Se topește untul sau margarina cu mierea și zahărul și se amestecă cu făina. Se amestecă morcovii și se amestecă bine. Se pune intr-o tava de 20 cm unsa si tapetata cu pergament si se coace in cuptorul preincalzit la 160°C/325°F/Gas Mark 3 timp de 1 ora pana cand o frigarui introdusa in centru iese curata. Se lasa sa se raceasca in tava 10 minute si apoi se transfera pe un gratar pentru a se raci.

Plăcintă cu dovlecel cu morcovi

Face un tort de 23 cm/9in

2 oua

175 g/6 oz/¾ cană zahăr brun moale

100 g morcovi, rasi

50 g dovlecel (dovlecel), ras

75 ml/5 linguri ulei

225 g / 8 oz / 2 căni de făină auto-crescătoare

2,5 ml/½ linguriță praf de copt

5 ml/1 linguriță de condimente amestecate (plăcintă cu mere).

Glazura cu crema de branza

Se amestecă ouăle, zahărul, morcovii, dovlecelul și uleiul. Se amestecă făina, praful de copt și condimentele amestecate și se amestecă până se omogenizează. Se pune intr-o tava de 23 cm/9 tapetata cu unt si se coace in cuptorul preincalzit la 180°C/350°F/Marca gaz 4 timp de 30 de minute pana cand o frigaruie introdusa in centru iese curata. Se lasa sa se raceasca si se intinde cu glazura de branza crema.

Tort cu morcovi și ghimbir

Face un tort de 20 cm/8in

175 g/6 oz/2/3 cană unt sau margarină

100 g / 4 oz / 1/3 cană sirop auriu (porumb ușor).

120 ml/4 fl oz/½ cană de apă

100 g/4 oz/½ cană zahăr brun moale

150 g morcovi, rasi grosier

5 ml/1 lingurita bicarbonat (bicarbonat de sodiu)

200 g/7 oz/1¾ cani de făină simplă (toate scopuri)

100 g / 4 oz / 1 cană făină auto-crescătoare

5 ml/1 linguriță pudră de ghimbir

Putina sare

Pentru glazura (glazura):

175 g/6 oz/1 cană zahăr pudră (de cofetarie), cernut

5 ml/1 lingurita unt sau margarina, moale

30 ml/2 linguri suc de lamaie

Topim untul sau margarina cu siropul, apa si zaharul si aducem la fiert. Luați de pe foc și adăugați morcovi și sifon. Lasa sa se raceasca. Se amestecă făina, ghimbirul și sarea, se pune într-o formă de tort unsă de 20 cm/8in și se coace în cuptorul preîncălzit la 180°C/350°F/gaz 4 timp de 45 de minute, până când este bine crescută și elastică. atingerea. Se rastoarna si se lasa sa se raceasca.

Se amestecă zahărul pudră cu untul sau margarina și suficient suc de lămâie pentru a forma o glazură tartinabilă. Tăiați tortul în jumătate pe orizontală, apoi folosiți jumătate din glazură pentru a lipi tortul împreună și întindeți-l pe restul deasupra.

Prajitura cu morcovi si nuci

Face un tort de 18 cm/7in

2 ouă mari, separate

150 g/5 oz/2/3 cană zahăr (superfin).

225 g morcovi, rasi

150 g/5 oz/1¼ cani nuci amestecate tocate

10 ml/2 lingurițe coaja de lămâie rasă

50 g/2 oz/½ cană făină simplă (toate scopuri)

2,5 ml/½ linguriță praf de copt

Bateți gălbenușurile și zahărul până devine groasă și cremoasă. Amestecați morcovii, nucile și coaja de lămâie, apoi adăugați făina și praful de copt. Albusurile se bat spuma pana formeaza varfuri moi si apoi se unesc in amestec. Se transformă într-o formă pătrată de tort de 19 cm/7 unsă. Coacem in cuptorul preincalzit la 180°C/350°F/gaz marca 4 timp de 40-45 minute pana cand o frigaruie introdusa in centru iese curata.

Tort cu morcovi, portocale si nuci

Face un tort de 20 cm/8in

100 g/4 oz/½ cană unt sau margarină, înmuiată

100 g/4 oz/½ cană zahăr brun moale

5 ml/1 lingurita scortisoara macinata

5 ml/1 linguriță coajă de portocală rasă

2 oua, batute usor

15 ml/1 lingura suc de portocale

100 g morcovi, rasi fin

50 g/2 oz/½ cană nuci amestecate tocate

225 g / 8 oz / 2 căni de făină auto-crescătoare

5 ml/1 linguriță praf de copt

Bateți untul sau margarina, zahărul, scorțișoara și coaja de portocală până devin ușoare și pufoase. Bateți treptat ouăle și sucul de portocale, apoi adăugați morcovii, nucile, făina și praful de copt. Se pune intr-o tava de 20 cm unsa si tapetata cu pergament si se coace in cuptorul preincalzit la 180°C/350°F/marcul de gaz 4 timp de 45 de minute pana devine elastic la atingere.

Plăcintă cu morcovi, ananas și nucă de cocos

Face un tort de 25 cm/10 inchi

3 ouă

350 g/12 oz/1½ cani (superfin) zahăr tos

300 ml/½ pt/1¼ cană ulei

5 ml/1 lingurita esenta de vanilie (extract)

225 g/8 oz/2 căni de făină simplă (universal)

5 ml/1 lingurita bicarbonat (bicarbonat de sodiu)

10 ml/2 linguri de scorțișoară măcinată

5 ml/1 lingurita sare

225 g morcovi, rasi

100g conserva de ananas, scurs și zdrobit

100 g / 4 oz / 1 cană nucă de cocos uscată (mărunțită).

100 g/4 oz/1 cană nuci amestecate tocate

Zahăr pudră (de cofetarie), cernut, pentru stropire

Bateți ouăle, zahărul, uleiul și esența de vanilie împreună. Se amestecă făina, bicarbonatul de sodiu, scorțișoara și sarea și se amestecă puțin câte puțin. Încorporați morcovii, ananasul, nuca de cocos și nucile. Se pune intr-o tava (tava) de 25 cm/10 unsa cu faina si se coace in cuptorul preincalzit la 160°C/325°F/marca gaz 3 timp de 1¼ de ora pana cand o frigaruie introdusa in centru iese curata. Lăsați să se răcească în tavă timp de 10 minute înainte de a transfera pe un grătar pentru a se răci. Se presară cu zahăr pudră înainte de servire.

Prajitura cu morcovi si fistic

Face un tort de 23 cm/9in

100 g/4 oz/½ cană unt sau margarină, înmuiată

100 g/4 oz/½ cană de zahăr (superfin).

2 oua

225 g/8 oz/2 căni de făină simplă (universal)

5 ml/1 lingurita bicarbonat (bicarbonat de sodiu)

5 ml/1 linguriță cardamom măcinat

225 g morcovi, rasi

50 g/2 oz/½ cană fistic, tocat

50 g/2 oz/½ cană migdale măcinate

100 g sultane (stafide aurii)

Bateți untul sau margarina și zahărul până devine ușor și pufos. Se bat treptat ouale, batand bine dupa fiecare adaugare, apoi se adauga faina, bicarbonatul de sodiu si cardamomul. Se amestecă morcovii, nucile, migdalele măcinate și stafidele. Turnați amestecul într-o formă de tort (tavă) de 23 cm/9 unsă și tapetată cu unsoare și coaceți în cuptorul preîncălzit la 180°C/350°F/Marca de gaz 4 timp de 40 de minute, până când a crescut bine, auriu și elastic la atingere.

Prajitura cu morcovi si nuci

Face un tort de 23 cm/9in

200 ml/7 fl oz/scanează 1 cană de ulei

4 ouă

225 g/8 oz/2/3 cană miere limpede

225 g / 8 oz / 2 căni de făină integrală de grâu (integrală).

10 ml/2 lingurițe praf de copt

2,5 ml/½ linguriță bicarbonat (bicarbonat de sodiu)

Putina sare

5 ml/1 lingurita esenta de vanilie (extract)

175 g/6 oz morcovi, rasi grosier

175 g/6 oz/1 cană stafide

100 g / 4 oz / 1 cană nuci, tocate mărunt

Se amestecă uleiul, ouăle și mierea. Amestecați treptat toate celelalte ingrediente și bateți până se omogenizează bine. Se pune intr-o tava (tava) de 23 cm/9 unsa cu faina si se coace in cuptorul preincalzit la 180°C/350°F/Gas Mark 4 timp de 1 ora pana cand o frigarui introdusa in centru iese curata.

Tort cu morcovi condimentati

Face un tort de 18 cm/7in

175 g/6 oz/1 cană curmale

120 ml/4 fl oz/½ cană de apă

175 g/6 oz/¾ cană unt sau margarină, moale

2 oua, batute usor

225 g / 8 oz / 2 căni de făină auto-crescătoare

175 g/6 oz morcovi, ras fin

25 g/1 oz/¼ cană migdale măcinate

Coaja rasă a 1 portocală

2,5 ml/½ linguriță de condimente amestecate (plăcintă cu mere).

2,5 ml/½ linguriță scorțișoară măcinată

2,5 ml/½ linguriță pudră de ghimbir

Pentru glazura (glazura):

350 g/12 oz/1½ cani de brânză de vaci

25 g/2 linguri de unt sau margarină, moale

Coaja rasă a 1 portocală

Puneti curmalele si apa intr-o cratita mica, aduceti la fiert si fierbeti 10 minute pana se inmoaie. Scoateți și aruncați sâmburele (sâmburii) și tocați mărunt curmalele. Se amestecă curmalele cu lichidul, untul sau margarina și ouăle până devin cremoase. Încorporați toate celelalte ingrediente pentru tort. Puneti amestecul intr-o tava de 18cm/7cm unsa si tapetata cu pergament si coaceti in cuptorul preincalzit la 180°C/350°F/Gas Mark 4 timp de 1 ora pana cand o frigarui introdusa in centru iese curata. Lăsați să se răcească în tavă timp de 10 minute înainte de a transfera pe un grătar pentru a se răci.

Pentru a face glazura, amestecați toate ingredientele până când obțineți o consistență tartinabilă, adăugând puțin suc de portocale sau apă dacă este necesar. Taiati prajitura in jumatate pe orizontala, lipiti straturile impreuna cu jumatate din glazura si intindeti restul deasupra.

Prajitura cu morcovi si zahar brun

Face un tort de 18 cm/7in

5 ouă, separate

200g/7oz/scan 1 cană de zahăr brun moale

15 ml/1 lingura suc de lamaie

300 g morcovi, rasi

225 g/8 oz/2 cesti migdale macinate

25 g/1 oz/¼ cană făină integrală de grâu (integrală).

5 ml/1 lingurita scortisoara macinata

25 g/2 linguri de unt sau margarină, topit

25 g/1 oz/2 linguri (superfin) zahăr tos

30 ml/2 linguri smântână unică (ușoară).

75 g/3 oz/¾ cană nuci amestecate tocate

Bateți gălbenușurile până devin spumoase, adăugați zahărul până la omogenizare, apoi amestecați zeama de lămâie. Se amestecă o treime din morcovi, apoi o treime din migdale și se continuă până se amestecă totul. Se amestecă făina și scorțișoara. Bateți albușurile spumă până se întăresc și apoi pliați-le în amestec cu o lingură de metal. Se transformă într-o formă de tort unsă și tapetată cu adâncime de 18 cm/7 și se coace în cuptorul preîncălzit la 180°C/350°F/marcă de gaz 4 timp de 1 oră. Acoperiți prajitura lejer cu hârtie de copt și reduceți temperatura cuptorului la 160°C/325°F/marcă de gaz 3 pentru încă 15 minute sau până când tortul se micșorează ușor de pe părțile laterale ale formei, iar centrul este încă umed. Lăsați tortul în tavă până când se încălzește, apoi întoarceți-l la răcit.

Combinaţi untul sau margarina topit, zahărul, smântâna şi nucile, turnaţi peste prăjitură şi coaceţi sub un grătar mediu (grătar) până se rumenesc.

Prajitura cu dovlecel si maduva

Face un tort de 20 cm/8in

225 g/8 oz/1 cană de zahăr (superfin).

2 ouă, bătute

120 ml/4 fl oz/½ cană de ulei

100 g / 4 oz / 1 cană făină simplă (toate scopuri)

5 ml/1 linguriță praf de copt

2,5 ml/½ linguriță bicarbonat (bicarbonat de sodiu)

2,5 ml/½ linguriță sare

100 g dovlecel (dovlecel), ras

100 g ananas zdrobit

50 g/2 oz/½ cană nuci, tocate

5 ml/1 lingurita esenta de vanilie (extract)

Bateţi zahărul şi ouăle până când sunt palide şi bine amestecate. Se amestecă uleiul şi apoi ingredientele uscate. Se amestecă dovlecelul, ananasul, nucile şi esenţa de vanilie. Se pune intr-o tava (tava) de 20 cm unsa si tapeta cu faina si se coace in cuptorul preincalzit la 180°C/350°F/Marca gaz 4 timp de 1 ora pana cand o frigarui introdusa in centru iese curata. Lăsaţi să se răcească în tavă timp de 30 de minute înainte de a transfera pe un grătar pentru a se răci.

Prajitura cu dovlecei si portocale

Face un tort de 25 cm/10 inchi

225 g/1 cană unt sau margarină, moale

450 g/1 lb/2 căni de zahăr brun moale

4 oua, batute usor

275 g/10 oz/2½ căni de făină simplă (toate scopuri)

15 ml/1 lingura praf de copt

2,5 ml/½ linguriță sare

5 ml/1 lingurita scortisoara macinata

2,5 ml/½ linguriță nucșoară rasă

Un praf de cuișoare măcinate

Coaja rasa si suc de 1 portocala

225 g/8 oz/2 căni de dovlecel (dovlecel), ras

Bateți untul sau margarina și zahărul până devine ușor și pufos. Bateți treptat ouăle, apoi adăugați făina, praful de copt, sarea și condimentele, alternând cu coaja și sucul de portocale. Se amestecă dovlecelul. Se pune intr-o tava de tort unsa si tapetata cu unt de 25 cm/10 si se coace in cuptorul preincalzit la 180°C/350°F/Gas Mark 4 timp de 1 ora pana devine maro auriu si elastic la atingere. Dacă blatul începe să se rumenească prea mult spre sfârșitul coacerii, acoperiți cu hârtie de uns.

Tort cu dovlecel condimentat

Face un tort de 25 cm/10 inchi

350 g/12 oz/3 căni de făină universală

10 ml/2 lingurițe praf de copt

7,5 ml/1½ linguriță scorțișoară măcinată

5 ml/1 lingurita bicarbonat (bicarbonat de sodiu)

2,5 ml/½ linguriță sare

8 albusuri

450 g/1 lb/2 căni (superfin) zahăr tos

100 g / 1 cană sos de mere (sos)

120 ml/4 fl oz/½ cană zară

15 ml/1 lingura esenta de vanilie (extract)

5 ml/1 lingurita coaja de portocala rasa fin

350 g/12 oz/3 cani de dovlecel (dovlecel), ras

75 g/3 oz/¾ cană nuci, tocate

Pentru topping:

100 g/4 oz/½ cană de cremă de brânză

25 g/2 linguri de unt sau margarină, moale

5 ml/1 lingurita coaja de portocala rasa fin

10 ml/2 lingurite suc de portocale

350 g/12 oz/2 căni de zahăr pudră (cofetarii), cernut

Amestecați ingredientele uscate împreună. Bate albusurile spuma pana formeaza varfuri moi. Adaugam incet zaharul, apoi sosul de mere, zara, esenta de vanilie si coaja de portocala. Adăugați amestecul de făină, apoi dovleceii și nucile. Se pune intr-o tava

(tava) de 25 cm/10 cm unsa cu faina si se coace in cuptorul preincalzit la 150°C/300°F/Gas Mark 2 timp de 1 ora pana cand o frigarui introdusa in centru iese curata. Se lasa sa se raceasca in forma.

Se amestecă toate ingredientele pentru topping până la omogenizare, adăugând suficient zahăr pentru a obține o consistență tartinabilă. Se intinde peste prajitura racita.

Placinta de dovleac

Face un tort de 23 x 33 cm / 9 x 13 inch

450 g/1 lb/2 căni (superfin) zahăr tos

4 oua, batute

375 ml/13 fl oz/1½ cani de ulei

350 g/12 oz/3 căni de făină universală

15 ml/1 lingura praf de copt

10 ml/2 lingurite bicarbonat (bicarbonat de sodiu)

10 ml/2 linguri de scorțișoară măcinată

2,5 ml/½ linguriță pudră de ghimbir

Putina sare

225 g dovleac fiert taiat cubulete

100 g / 4 oz / 1 cană nuci, tocate

Bateți zahărul și ouăle până se omogenizează bine, apoi adăugați uleiul. Amestecați restul ingredientelor. Se pune într-o tavă de copt de 23 x 33 cm/ 9 x 13 unsă cu făină și se coace în cuptorul preîncălzit la 180°C/350°F/marca gaz 4 timp de 1 oră până când o frigărui introdusă în centru iese curată. .

Plăcintă cu dovleac cu fructe

Face un tort de 20 cm/8in

100 g/4 oz/½ cană unt sau margarină, înmuiată

150 g/5 oz/2/3 cană zahăr brun moale

2 oua, batute usor

225 g/8 oz dovleac fiert la rece

30 ml/2 linguri sirop auriu (porumb usor).

225 g/8 oz 1/1/3 cani de fructe amestecate uscate (amestec de prajitura cu fructe)

225 g / 8 oz / 2 căni de făină auto-crescătoare

50 g/2 oz/½ cană de tărâțe

Bateți untul sau margarina și zahărul până devine ușor și pufos. Bateți treptat ouăle, apoi adăugați ingredientele rămase. Se pune intr-o tava de 20 cm unsa si tapetata cu pergament si se coace in cuptorul preincalzit la 160°C/325°F/Gas Mark 3 timp de 1¼ de ora pana cand o frigarui introdusa in centru iese curata.

Rulada de dovleac condimentat

Face o rolă de 30 cm/12 inchi

75 g/3 oz/¾ cană făină simplă (universal)

5 ml/1 lingurita bicarbonat (bicarbonat de sodiu)

5 ml/1 linguriță pudră de ghimbir

2,5 ml/½ linguriță nucșoară rasă

10 ml/2 linguri de scorțișoară măcinată

Putina sare

1 ou

225 g/8 oz/1 cană de zahăr (superfin).

100 g dovleac fiert, taiat cubulete

5 ml/1 lingurita suc de lamaie

4 albusuri

50 g/2 oz/½ cană nuci, tocate

50 g/2 oz/1/3 cană zahăr glazurat (de cofetarie), cernut

Pentru umplutura:

175 g/6 oz/1 cană zahăr pudră (de cofetarie), cernut

100 g/4 oz/½ cană de cremă de brânză

2,5 ml/½ linguriță esență de vanilie (extract)

Se amestecă făina, bicarbonatul de sodiu, condimentele și sarea. Bateți oul până când este gros și palid, apoi bateți zahărul până când amestecul devine palid și cremos. Se amestecă dovleacul și sucul de lămâie. Încorporați amestecul de făină. Bate albusurile spuma intr-un castron curat pana se taie. Se pliază în amestecul de prăjitură și se întinde într-o tavă elvețiană de 30 x 12 cm/12 x 8 unsă și unsă și se presară cu nucă. Coaceți într-un cuptor preîncălzit la 190°C/375°F/marca de gaz 5 timp de 10 minute până când devine elastic la atingere. Cerneți zahărul pudră peste un șervețel curat (pânză de vase) și răsturnați tortul pe prosop. Scoateți hârtia de căptușeală și rulați tortul și prosopul și lăsați să se răcească.

Pentru umplutură, bate treptat zahărul în crema de brânză și esența de vanilie până când obții un amestec tartinabil. Întindeți tortul și întindeți umplutura peste el. Rulați din nou prăjitura și lăsați să se răcească înainte de servire, pudând cu puțin zahăr pudră.

Prajitura cu rubarba si miere

Face două prăjituri de 450 g/1 lb

250 g/9 oz/¾ cană miere limpede

100 ml/4 fl oz/½ cană de ulei

1 ou

5 ml/1 lingurita bicarbonat (bicarbonat de sodiu)

60 ml/4 linguri de apă

350 g/12 oz/3 căni de făină integrală (integrală).

10 ml/2 lingurite sare

350 g/12 oz rubarbă, tocată mărunt

5 ml/1 lingurita esenta de vanilie (extract)

50 g/2 oz/½ cană nuci amestecate tocate (opțional)

Pentru topping:

75 g/3 oz/1/3 cană zahăr muscovado

5 ml/1 lingurita scortisoara macinata

15 g/½ oz/1 lingură unt sau margarină, înmuiată

Amestecați mierea și uleiul împreună. Se adauga oul si se bate bine. Adăugați bicarbonatul de sodiu în apă și lăsați-l să se dizolve. Se amestecă făina și sarea împreună. Se adaugă la amestecul de miere alternativ cu amestecul de bicarbonat de sodiu. Amestecați rubarba, esența de vanilie și nucile, dacă folosiți. Se toarnă în două forme unse de 450 g/1 lb (tavi). Se amestecă ingredientele pentru topping și se împarte peste amestecul de tort. Coaceți într-un cuptor preîncălzit la 180°C/350°F/gaz marca 4 timp de 1 oră până când devine elastic la atingere.

Plăcintă cu cartofi dulci

Face un tort de 23 cm/9in

300 g/11 oz/2¾ cani de făină simplă (toate scopuri)

15 ml/1 lingura praf de copt

5 ml/1 lingurita scortisoara macinata

5 ml/1 lingurita nucsoara rasa

Putina sare

350 g/12 oz/1¾ cani (superfin) zahăr tos

375 ml/13 fl oz/1½ cani de ulei

60 ml/4 linguri de apă fiartă

4 ouă, separate

225 g cartofi dulci, decojiti si rasi grosier

100 g/4 oz/1 cană nuci amestecate tocate

5 ml/1 lingurita esenta de vanilie (extract)

Pentru glazura (glazura):

225 g/8 oz/11/3 cani de zahar pudra (cofetarii), cernut

50 g/2 oz/¼ cană unt sau margarină, moale

250 g/9 oz/1 tonă medie de brânză cremă

50 g/2 oz/½ cană nuci amestecate tocate

Un praf de scortisoara macinata pentru stropire

Se amestecă făina, praful de copt, scorţişoara, nucşoara şi sarea. Se amestecă zahărul şi uleiul, apoi se adaugă apa clocotită şi se amestecă până se omogenizează bine. Adăugaţi gălbenuşurile şi amestecul de făină şi amestecaţi până se omogenizează bine. Se amestecă cartofii dulci, nucile şi esenţa de vanilie. Bateţi albuşurile spumă până se întăresc şi apoi adăugaţi-le în amestec. Se pune în două forme de tort (tavi) de 23 cm/9 unse și unse cu făină și se coace în cuptorul preîncălzit la 180°C/350°F/marca de gaz 4 timp de 40 de minute până când devine elastic la atingere. Se lasa sa se raceasca in forme timp de 5 minute si apoi se transfera pe un gratar pentru a se raci.

Se amestecă zahărul pudră, untul sau margarina și jumătate din crema de brânză. Întindeți jumătate din crema de brânză rămasă pe o prăjitură și întindeți glazura peste brânză. Sandvișează plăcintele împreună. Deasupra se intinde restul de crema de branza si se presara cu nuca si scortisoara inainte de servire.

Tort italian de migdale

Face un tort de 20 cm/8in

1 ou

150 ml/¼ pt/2/3 cană lapte

2,5 ml/½ linguriță esență de migdale (extract)

45 ml/3 linguri de unt, topit

350 g/12 oz/3 căni de făină universală

100 g/4 oz/½ cană de zahăr (superfin).

10 ml/2 lingurițe praf de copt

2,5 ml/½ linguriță sare

1 albus de ou

100 g / 4 oz / 1 cană migdale, tocate

Bateți oul într-un bol, apoi adăugați treptat laptele, esența de migdale și untul topit, batând tot timpul. Adăugați făina, zahărul, praful de copt și sarea și continuați să amestecați până la omogenizare. Se pune intr-o tava (forma) de tort unsa si tapetata cu hartie de copt de 20 cm. Albusul se bat spuma, apoi se unge cu generozitate deasupra prajiturii si se presara migdale. Coaceți într-un cuptor preîncălzit la 220°C/425°F/gaz 7 timp de 25 de minute până când devine maro auriu și elastic la atingere.

Prajitura cu migdale si cafea

Face un tort de 23 cm/9in

8 oua, separate

175 g/6 oz/¾ cană zahăr (superfin).

60 ml/4 linguri cafea neagră tare

175 g/6 oz/1½ cani migdale macinate

45 ml/3 linguri gris (crema de grau)

100 g / 4 oz / 1 cană făină simplă (toate scopuri)

Bateți gălbenușurile și zahărul până devine foarte gros și cremos. Se adauga cafeaua, migdalele macinate si grisul si se bate bine. Îndoiți făina. Bateți albușurile spumă până se întăresc și apoi adăugați-le în amestec. Se pune intr-o tava unsa de 23 cm/9 cm si se coace in cuptorul preincalzit la 180°C/350°F/marcul de gaz 4 timp de 45 de minute pana devine elastic la atingere.

Prajitura cu migdale si miere

Face un tort de 20 cm/8in

225 g morcovi, rasi

75 g/3 oz/¾ cană migdale, tocate

2 ouă, bătute

100 ml/4 fl oz/½ cană miere limpede

60 ml/4 linguri ulei

150 ml/¼ pt/2/3 cană lapte

150 g/5 oz/1¼ cani de făină integrală (integrală).

10 ml/2 lingurite sare

10 ml/2 lingurite bicarbonat (bicarbonat de sodiu)

15 ml/1 lingura scortisoara macinata

Se amestecă morcovii și nucile împreună. Bateți ouăle cu mierea, uleiul și laptele și amestecați în amestecul de morcovi. Se amestecă făina, sarea, bicarbonatul de sodiu și scorțișoara și se amestecă în amestecul de morcovi. Puneti amestecul intr-o tava patrata de 20 cm/8in tapetata cu pergament si coaceti in cuptorul preincalzit la 150°C/300°F/Gas Mark 2 timp de 1¾ de ora pana cand o frigarui introdusa in centru iese curata. Lasam sa se raceasca in tava 10 minute inainte de a le intoarce.

Tort cu migdale lămâie

Face un tort de 23 cm/9in

25 g/1 oz/¼ cană de migdale tăiate

100 g/4 oz/½ cană unt sau margarină, înmuiată

100 g/4 oz/½ cană zahăr brun moale

2 ouă, bătute

100 g / 4 oz / 1 cană făină auto-crescătoare

Coaja rasă a 1 lămâie

Pentru sirop:

75 g/3 oz/1/3 cană zahăr tos (superfin).

45–60 ml/3–4 linguri suc de lamaie

Se unge o tavă de tartă de 23 cm/9 cm (forma) și se tapetează cu migdale peste fund. Amestecați untul și zahărul brun. Bateți ouăle pe rând, apoi adăugați făina și coaja de lămâie. Se pune în tava pregătită și se nivelează suprafața. Coaceți în cuptorul preîncălzit la 180°C/350°F/gaz marca 4 timp de 20-25 de minute până când crește bine și este elastic la atingere.

Între timp, încălziți zahărul tos și sucul de lămâie într-o cratiță, amestecând din când în când, până când zahărul s-a dizolvat. Scoateți tortul din cuptor și lăsați-l să se răcească timp de 2 minute, apoi întoarceți-l pe un grătar, cu partea de jos în sus. Turnați siropul peste și lăsați să se răcească complet.

Tort De Migdale Cu Portocala

Face un tort de 20 cm/8in

225 g/1 cană unt sau margarină, moale

225 g/8 oz/1 cană de zahăr (superfin).

4 ouă, separate

225 g/8 oz/2 căni de făină simplă (universal)

10 ml/2 lingurițe praf de copt

50 g/2 oz/½ cană migdale măcinate

5 ml/1 linguriță coajă de portocală rasă

Bateți untul sau margarina și zahărul până devine ușor și pufos. Bateți gălbenușurile, apoi adăugați făina, praful de copt, migdalele măcinate și coaja de portocală. Bateți albușurile spumă până se întăresc și amestecați-le în amestec cu o lingură de metal. Se pune intr-o tava de 20 cm/8 tapetata cu unt si se coace in cuptorul preincalzit la 180°C/350°F/Gas Mark 4 timp de 1 ora pana cand o frigaruie introdusa in centru iese curata.

Tort bogat de migdale

Face un tort de 18 cm/7in

100 g/4 oz/½ cană unt sau margarină, înmuiată

150 g/5 oz/2/3 cană zahăr (superfin).

3 oua, batute usor

75 g/3 oz/¾ cană migdale măcinate

50 g/2 oz/½ cană făină simplă (toate scopuri)

Câteva picături de esență de migdale (extract)

Bateți untul sau margarina și zahărul până devine ușor și pufos. Se bat treptat ouăle, apoi se pliază migdalele măcinate, făina și esența de migdale. Se pune într-o formă de tort unsă și tapetată cu unsoare de 18 cm/7 (tavă) și se coace în cuptorul preîncălzit la 180°C/350°F/marcă de gaz 4 timp de 45 de minute până când devine elastic la atingere.

Tort Suedez Macaron

Face un tort de 23 cm/9in

100 g / 4 oz / 1 cană migdale măcinate

75 g/3 oz/1/3 cană zahăr granulat

5 ml/1 linguriță praf de copt

2 albușuri mari, bătute

Se amestecă migdalele, zahărul și praful de copt. Se amestecă albușurile până când amestecul este gros și neted. Se pune într-o tavă (tavă) pentru sandvici unsă și tapetată cu unsoare de 23 cm/9 inci și se coace în cuptorul preîncălzit la 160°C/325°F/marca gaz 3 timp de 20-25 de minute până când crește și devine maro auriu. Se scoate din forma cu mare grija, ca prajitura este fragila.

pâine cu nucă de cocos

Pentru o pâine de 450 g/1 lb

100 g / 4 oz / 1 cană făină auto-crescătoare

225 g/8 oz/1 cană de zahăr (superfin).

100 g / 4 oz / 1 cană nucă de cocos uscată (mărunțită).

1 ou

120 ml/4 fl oz/½ cană de lapte

Putina sare

Se amestecă bine toate ingredientele și se pune într-o tavă unsă și tapetată cu unsoare de 450 g/1 lb. Coaceți într-un cuptor preîncălzit la 180°C/350°F/gaz 4 timp de aproximativ 1 oră până când devine maro auriu și elastic la atingere.

Torta de cocos

Face un tort de 23 cm/9in

75 g/3 oz/1/3 cană unt sau margarină

150 ml/¼ pt/2/3 cană lapte

2 oua, batute usor

225 g/8 oz/1 cană de zahăr (superfin).

150 g/5 oz/1¼ cani de făină auto-crescătoare

Putina sare

Pentru topping:

100 g/4 oz/½ cană unt sau margarină

75 g/3 oz/¾ cană nucă de cocos uscată (mărunțită).

60 ml/4 linguri de miere limpede

45 ml/3 linguri lapte

50 g/2 oz/¼ cană zahăr brun moale

Topiți untul sau margarina în lapte și lăsați să se răcească puțin. Bateți ouăle și zahărul tos împreună până devin ușor și spumos, apoi adăugați amestecul de unt și lapte. Se amestecă făina și sarea până se subțiază destul de mult. Se pune intr-o tava (tava) de 23 cm/9 tapetata cu unt si se coace in cuptorul preincalzit la 180°C/350°F/Gas Mark 4 timp de 40 de minute pana devine maro auriu si elastic la atingere.

Între timp, aduceți la fiert ingredientele pentru topping într-o cratiță. Întoarceți tortul cald și turnați peste el amestecul de topping. Puneți sub un grătar fierbinte pentru câteva minute până când toppingul începe să se rumenească.

Tort de cocos auriu

Face un tort de 20 cm/8in

100 g/4 oz/½ cană unt sau margarină, înmuiată

200 g/7 oz/scan 1 cană (superfin) zahăr tos

200 g/7 oz/1¾ cani de făină simplă (toate scopuri)

10 ml/2 lingurițe praf de copt

Putina sare

175 ml/6 fl oz/¾ cană de lapte

3 albusuri

Pentru umplutură şi topping:

150 g/5 oz/1¼ cani nucă de cocos uscată (mărunțită).

200 g/7 oz/scan 1 cană (superfin) zahăr tos

120 ml/4 fl oz/½ cană de lapte

120 ml/4 fl oz/½ cană de apă

3 galbenusuri de ou

Bateți untul sau margarina și zahărul până devine ușor și pufos. Amestecați făina, praful de copt și sarea în amestec alternativ cu laptele și apa până obțineți un aluat omogen. Bateți albușurile spumă până se întăresc și apoi pliați-le în aluat. Turnați amestecul în două forme de tort (tavi) unse de 20 cm/8 inchi și coaceți într-un cuptor preîncălzit la 180°C/350°F/marca de gaz 4 timp de 25 de minute până când devine elastic la atingere. Lasa sa se raceasca.

Amestecați nuca de cocos, zahărul, laptele și gălbenușurile de ou într-o cratiță mică. Se încălzește la foc blând câteva minute până când ouăle sunt fierte, amestecând continuu. Lasa sa se raceasca. Sandwich prajiturile impreuna cu jumatate din amestecul de nuca de cocos si restul pune deasupra cu lingura.

Tort cu strat de nucă de cocos

Face un tort de 9 x 18 cm / 3½ x 7 inch

100 g/4 oz/½ cană unt sau margarină, înmuiată

175 g/6 oz/¾ cană zahăr (superfin).

3 ouă

175 g/6 oz/1½ cani de făină universală

5 ml/1 linguriță praf de copt

175 g/6 oz/1 cană sultane (stafide aurii)

120 ml/4 fl oz/½ cană de lapte

6 biscuiti simpli (biscuiti), macinati

100 g/4 oz/½ cană zahăr brun moale

100 g / 4 oz / 1 cană nucă de cocos uscată (mărunțită).

Bateți untul sau margarina și zahărul tos până când sunt ușor și aerisite. Bateți treptat două dintre ouă, apoi adăugați făina, praful de copt și sultanele alternativ cu laptele. Pune jumătate din amestec într-o tavă unsă și tapetată cu unt de 450 g/1 lb. Se amestecă oul rămas cu firimiturile de biscuiți, zahărul brun și nuca de cocos și se presară în tavă. Se amestecă amestecul rămas și se coace într-un cuptor preîncălzit la 180°C/350°F/gaz mark 4 timp de 1 oră. Se lasa la racit in tava timp de 30 de minute si apoi se transfera pe un gratar pentru a se raci.

Tort cu nucă de cocos şi lămâie

Face un tort de 20 cm/8in

100 g/4 oz/½ cană unt sau margarină, înmuiată

75 g/3 oz/1/3 cană zahăr brun moale

Coaja rasă a 1 lămâie

1 ou, batut

Câteva picături de esență de migdale (extract)

350 g/12 oz/3 căni de făină auto-levantă

60 ml/4 linguri gem de zmeura (conserva)

Pentru topping:

1 ou, batut

75 g/3 oz/1/3 cană zahăr brun moale

225 g/8 oz/2 căni de nucă de cocos uscată (mărunțită).

Bateți untul sau margarina, zahărul și coaja de lămâie până devin ușoare și pufoase. Bateți treptat oul și esența de migdale, apoi adăugați făina. Turnati amestecul intr-o tava (forma) unsa si tapetata cu hartie de copt 20 cm/8. Peste amestec se pune gemul. Bateți ingredientele pentru topping împreună și împărțiți peste amestec. Coaceți într-un cuptor preîncălzit la 180°C/350°F/marca de gaz 4 timp de 30 de minute până când devine elastic la atingere. Se lasa sa se raceasca in forma.

Tort de Revelion cu nucă de cocos

Face un tort de 18 cm/7in

100 g/4 oz/½ cană unt sau margarină, înmuiată

100 g/4 oz/½ cană de zahăr (superfin).

2 oua, batute usor

75 g/3 oz/¾ cană făină simplă (universal)

45 ml/3 linguri nucă de cocos uscată (răzuită).

30 ml/2 linguri rom

Câteva picături de esență de migdale (extract)

Câteva picături de esență de lămâie (extract)

Bateţi untul şi zahărul până devin uşor şi pufos. Bateţi treptat ouăle, apoi adăugaţi făina şi nuca de cocos. Se amestecă romul şi esenţele. Se pune intr-o tava (forma) de tort unsa si tapetata cu pergament de 18 cm/7 si niveleaza suprafata. Coacem in cuptorul preincalzit la 190°C/375°F/gaz marca 5 timp de 45 de minute pana cand o frigaruie introdusa in centru iese curata. Se lasa sa se raceasca in forma.

Tort cu nucă de cocos și sultană

Face un tort de 23 cm/9in

100 g/4 oz/½ cană unt sau margarină, înmuiată

175 g/6 oz/¾ cană zahăr (superfin).

2 oua, batute usor

175 g/6 oz/1½ cani de făină universală

5 ml/1 linguriță praf de copt

Putina sare

175 g/6 oz/1 cană sultane (stafide aurii)

120 ml/4 fl oz/½ cană de lapte

Pentru umplutura:

1 ou, batut usor

50 g/2 oz/½ cană firimituri de biscuiți (biscuiți).

100 g/4 oz/½ cană zahăr brun moale

100 g / 4 oz / 1 cană nucă de cocos uscată (mărunțită).

Bateți untul sau margarina și zahărul tos până când sunt ușor și aerisite. Se amestecă treptat ouăle. Adăugați făina, praful de copt, sarea și sultanele cu suficient lapte pentru a obține o consistență netedă. Pune jumătate din amestec într-o formă de tort unsă de 23 cm/9in. Amestecați ingredientele pentru umplutură și puneți amestecul deasupra, apoi acoperiți cu amestecul de prăjitură rămas. Coaceți într-un cuptor preîncălzit la 180°C/350°F/gaz 4 timp de 1 oră până când devine elastic la atingere și începe să se micșoreze de pe părțile laterale ale formei. Se lasa sa se raceasca in forma inainte de a le intoarce.

Tort cu nuci cu topping crocant

Face un tort de 23 cm/9in

225 g/1 cană unt sau margarină, moale

225 g/8 oz/1 cană de zahăr (superfin).

2 oua, batute usor

225 g/8 oz/2 căni de făină simplă (universal)

2,5 ml/½ linguriță bicarbonat (bicarbonat de sodiu)

2,5 ml/½ linguriță smântână de tartar

200 ml/7 fl oz/scanează 1 cană de lapte

Pentru topping:

100 g/4 oz/1 cană nuci amestecate tocate

100 g/4 oz/½ cană zahăr brun moale

5 ml/1 lingurita scortisoara macinata

Bateți untul sau margarina și zahărul tos până când sunt ușor și aerisite. Se bat treptat ouale, apoi se adauga faina, bicarbonatul de sodiu si crema de tartru, alternand cu laptele. Se pune într-o formă de tort de 23 cm/9in unsă și unsă. Se amestecă nucile, zahărul brun și scorțișoara și se presară deasupra prăjiturii. Coaceți într-un cuptor preîncălzit la 180°C/350°F/marca de gaz 4 timp de 40 de minute până când devine maro auriu și se micșorează de pe părțile laterale ale formei. Se lasa sa se raceasca in tava 10 minute si apoi se transfera pe un gratar pentru a se raci.

Tort amestecat cu nuci

Face un tort de 23 cm/9in

100 g/4 oz/½ cană unt sau margarină, înmuiată

225 g/8 oz/1 cană de zahăr (superfin).

1 ou, batut

225 g / 8 oz / 2 căni de făină auto-crescătoare

10 ml/2 lingurițe praf de copt

Putina sare

250 ml/8 fl oz/1 cană de lapte

5 ml/1 lingurita esenta de vanilie (extract)

2,5 ml/½ linguriță esență de lămâie (extract)

100 g/4 oz/1 cană nuci amestecate tocate

Bateți untul sau margarina și zahărul până devine ușor și pufos. Se bate treptat oul. Se amestecă făina, praful de copt și sarea și se adaugă la amestec alternativ cu laptele și esențele. Îndoiți nucile. Se pun in doua forme de tort (tavi) de 23 cm/9 cm unse si tapetate si se coace in cuptorul preincalzit la 180°F/350°F/Gas Mark 4 timp de 40 de minute pana cand o frigarui introdusa in centru iese curata.

Prajitura cu nuci grecesti

Face un tort de 25 cm/10 inchi

100 g/4 oz/½ cană unt sau margarină, înmuiată

225 g/8 oz/1 cană de zahăr (superfin).

3 oua, batute usor

250 g/9 oz/2¼ cani de făină simplă (universal)

225 g/8 oz/2 cesti nuci, macinate

10 ml/2 lingurițe praf de copt

5 ml/1 lingurita scortisoara macinata

1,5 ml/¼ linguriță cuișoare măcinate

Putina sare

75 ml/5 linguri lapte

Pentru siropul de miere:

175 g/6 oz/¾ cană zahăr (superfin).

75 g/3 oz/¼ cană miere limpede

15 ml/1 lingura suc de lamaie

250 ml/8 fl oz/1 cană de apă clocotită

Bateți untul sau margarina și zahărul până devine ușor și pufos. Bateți treptat ouăle, apoi adăugați făina, nucile, praful de copt, condimentele și sarea. Se adauga laptele si se amesteca pana se omogenizeaza. Se pune într-o formă de tort (tavă) de 25 cm/10 unsă cu făină și se coace în cuptorul preîncălzit la 180°C/350°F/marca de gaz 4 timp de 40 de minute până când devine elastic la atingere. Se lasa sa se raceasca in tava 10 minute si apoi se aseaza pe un gratar.

Pentru a face siropul, amestecați zahărul, mierea, sucul de lămâie și apa și încălziți până se dizolvă. Înțepăți tortul cald peste tot cu o furculiță și puneți peste el siropul de miere.

Tort cu inghetata cu nuca

Face un tort de 18 cm/7in

100 g/4 oz/½ cană unt sau margarină, înmuiată

100 g/4 oz/½ cană de zahăr (superfin).

2 oua, batute usor

100 g / 4 oz / 1 cană făină auto-crescătoare

100 g / 4 oz / 1 cană nuci, tocate

Putina sare

Pentru glazura (glazura):

450 g/1 lb/2 căni de zahăr granulat

150 ml/¼ pt/2/3 cană de apă

2 albusuri

Câteva jumătăți de nucă de decorat

Bateți untul sau margarina și zahărul tos până când sunt ușor și aerisite. Bateți treptat ouăle, apoi adăugați făina, nucile și sarea. Turnați amestecul în două forme de tort (tavi) de 18 cm/7 tapetate cu pergament și coaceți în cuptorul preîncălzit la 180°C/350°F/Gas Mark 4 timp de 25 de minute, până când se ridică bine și devine elastic la atingere. Lasa sa se raceasca.

Se dizolvă zahărul granulat în apă la foc mic, amestecând continuu, se aduce la fierbere și se fierbe în continuare, fără a amesteca, până când o picătură din amestec formează o minge moale când se pică în apă rece. Între timp, albușurile se bat spumă într-un castron curat până se întăresc. Se toarnă siropul în albușuri și se bate până când amestecul este suficient de gros pentru a acoperi spatele unei linguri. Sandvișează prăjiturile împreună cu un strat de glazură, restul se întinde deasupra și pe părțile laterale ale prăjiturii și se decorează cu jumătăți de nucă.

Tort cu nuca cu crema de ciocolata

Face un tort de 18 cm/7in

3 ouă

75 g/3 oz/1/3 cană zahăr brun moale

50 g/2 oz/½ cană făină integrală (integrală).

25 g/1 oz/¼ cană pudră de cacao (ciocolată neîndulcită)

Pentru glazura (glazura):

150 g/5 oz/1¼ cani de ciocolată neagră (semidulce).

225 g / 8 oz / 1 cană cremă de brânză cu conținut scăzut de grăsimi

45 ml/3 linguri de zahăr pudră (de cofetarie), cernut

75 g/3 oz/¾ cană nuci, tocate

15 ml/1 lingură coniac (opțional)

Ciocolata rasa pentru ornat

Bate ouăle și zahărul brun până când sunt palide și groase. Încorporați făina și cacao. Turnați amestecul în două forme de sandvici de 18 cm/7in (tavi) unse și tapetate și coaceți într-un cuptor preîncălzit la 190°C/375°F/marca de gaz 5 timp de 15-20 de minute, până când se ridică bine și este elastic la atingere. Scoatem din forme si lasam sa se raceasca.

Topiți ciocolata într-un castron rezistent la căldură peste o tigaie cu apă fierbinte ușor. Luați de pe foc și adăugați crema de brânză și zahărul pudră, apoi adăugați nuci și coniac, dacă folosiți. Sandvișează prăjiturile împreună cu cea mai mare parte din umplutură și împarte restul deasupra. Se orneaza cu ciocolata rasa.

Tort cu nuci cu miere si scortisoara

Face un tort de 23 cm/9in

225 g/8 oz/2 căni de făină simplă (universal)

10 ml/2 lingurițe praf de copt

5 ml/1 lingurita bicarbonat (bicarbonat de sodiu)

5 ml/1 lingurita scortisoara macinata

Putina sare

100 g / 1 cană iaurt simplu

75 ml/5 linguri ulei

100 g / 4 oz / 1/3 cană miere limpede

1 ou, batut usor

5 ml/1 lingurita esenta de vanilie (extract)

Pentru umplutura:

50 g/2 oz/½ cană nuci tocate

225 g/8 oz/1 cană zahăr brun moale

10 ml/2 linguri de scorțișoară măcinată

30 ml/2 linguri ulei

Amestecați ingredientele uscate pentru tort și faceți un godeu în centru. Amestecați celelalte ingrediente pentru tort și amestecați-l cu ingredientele uscate. Se amestecă ingredientele pentru umplutură. Pune jumătate din amestecul de tort într-o formă de tort de 23 cm/9in unsă și făinată și stropește cu jumătate din umplutură. Adăugați amestecul de prăjitură rămas, apoi umplutura rămasă. Coaceți în cuptorul preîncălzit la 180°C/350°F/gaz 4 timp de 30 de minute, până când se ridică bine, devine maro auriu și începe să se micșoreze de pe marginile tăvii.

Batoane de migdale și miere

Face 10

15 g/½ oz drojdie proaspătă sau 20 ml/4 lingurițe drojdie uscată

45 ml/3 linguri (superfin) zahăr tos

120 ml/4 fl oz/½ cană de lapte cald

300 g/11 oz/2¾ cani de făină simplă (toate scopuri)

Putina sare

1 ou, batut usor

50 g/2 oz/¼ cană unt sau margarină, moale

300 ml/½ pct/1¼ cană smântână dublă (grea).

30 ml/2 linguri zahăr pudră (cofetarie), cernut

45 ml/3 linguri miere limpede

300 g/11 oz/2¾ cani de migdale tăiate

Se amestecă drojdia, 5 ml/1 linguriță de zahăr tos și puțin lapte și se lasă la loc cald timp de 20 de minute până devine spumos. Se amestecă zahărul rămas cu făina și sarea și se face un godeu în centru. Adăugați treptat oul, untul sau margarina, amestecul de drojdie și laptele cald rămas și amestecați pentru a forma un aluat moale. Se framanta pe o suprafata usor infainata pana se omogenizeaza si elastic. Se pune intr-un vas uns cu ulei, se acopera cu folie alimentara unsa (folie de plastic) si se lasa la loc caldut 45 de minute pana isi dubleaza volumul.

Framantam din nou aluatul, intindem si punem intr-o forma de tort 30x20cm/12x8 unsa cu unt, intepam peste tot cu o furculita, acoperim si lasam la loc caldut 10 minute.

Pune 120 ml smântână groasă, zahăr pudră și miere într-o cratiță mică și lasă la fiert. Se ia de pe foc si se amesteca migdalele. Se intinde peste aluat si se coace in cuptorul preincalzit la 200°C/400°F/gaz 6 timp de 20 de minute pana devine maro auriu si elastic la atingere, se acopera cu hartie rezistenta (cerata) daca blatul incepe sa se rumeneasca. sfârşitul gătitului. Se rastoarna si se lasa sa se raceasca.

Tăiați tortul în jumătate pe orizontală. Bateți frișca rămasă până se întărește și împărțiți peste jumătatea de jos a prăjiturii. Acoperiți cu jumătatea de prăjitură acoperită cu migdale și tăiați fâșii.

Batoane de crumble cu mere și coacăze negre

Face 12

175 g/6 oz/1½ cani de făină universală

5 ml/1 linguriță praf de copt

Putina sare

175 g/6 oz/¾ cană unt sau margarină

225 g/8 oz/1 cană zahăr brun moale

100 g/4 oz/1 cană de ovăz rulat

450 g mere (ascuțite), curățate, fără miez și feliate

30 ml/2 linguri faina de porumb (faina de porumb)

10 ml/2 linguri de scorțișoară măcinată

2,5 ml/½ linguriță nucșoară rasă

2,5 ml/½ linguriță ienibahar măcinat

225 g/8 oz coacăze negre

Se amestecă făina, praful de copt și sarea și se amestecă cu untul sau margarina. Se amestecă zahărul și fulgii de ovăz. Pune jumătate în fundul unei forme pătrate de tort unsă și de 25 cm/9 căptușite. Se amestecă merele, amidonul de porumb și ierburile și se împart peste ele. Terminați cu coacăzele negre. Deasupra se pune restul amestecului și se netezește blatul. Coaceți într-un cuptor preîncălzit la 180°C/350°F/marca de gaz 4 timp de 30 de minute până când devine elastic. Se lasa sa se raceasca si se taie in batoane.

Batoane cu caise și fulgi de ovăz

Face 24

75 g/3 oz/½ cană caise uscate

25 g/1 oz/3 linguri sultane (stafide aurii)

250 ml/8 fl oz/1 cană de apă

5 ml/1 lingurita suc de lamaie

150 g/5 oz/2/3 cană zahăr brun moale

50 g/2 oz/½ cană nucă de cocos uscată (mărunțită).

50 g/2 oz/½ cană făină simplă (toate scopuri)

2,5 ml/½ linguriță bicarbonat (bicarbonat de sodiu)

100 g/4 oz/1 cană de ovăz rulat

50 g/2 oz/¼ cană unt, topit

Puneti caisele, sultanele, apa, zeama de lamaie si 30 ml/2 linguri zahar brun intr-o cratita mica si amestecati la foc mic pana se ingroasa. Se amestecă nuca de cocos și se lasă să se răcească. Se amestecă făina, bicarbonatul de sodiu, ovăzul și zahărul rămas, apoi se amestecă untul topit. Apăsați jumătate din amestecul de ovăz în fundul unei forme pătrate de copt de 8 inchi/20 cm și întindeți amestecul de caise peste el. Acoperiți cu amestecul de ovăz rămas și apăsați ușor. Coaceți într-un cuptor preîncălzit la 180°C/350°F/marca de gaz 4 timp de 30 de minute până se rumenesc. Se lasa sa se raceasca si se taie in batoane.

Crocante de caise

Face 16

100 g/4 oz/2/3 cană caise uscate gata de consumat

120 ml/4 fl oz/½ cană suc de portocale

100 g/4 oz/½ cană unt sau margarină

75 g/3 oz/¾ cană făină integrală de grâu (integrală).

75 g/3 oz/¾ cană fulgi de ovăz

75 g/3 oz/1/3 cană zahăr demerara

Înmuiați caisele în sucul de portocale cel puțin 30 de minute până se înmoaie, scurgeți-le și tocați mărunt. Frecați untul sau margarina în făină până când amestecul seamănă cu pesmet. Se amestecă fulgi de ovăz și zahăr. Apăsați jumătate din amestec într-o tavă elvețiană de 30 x 20 cm/12 x 8 unsă (tava pentru rulouri de jeleu) și stropiți cu caise. Întindeți restul amestecului deasupra și apăsați ușor. Coaceți în cuptorul preîncălzit la 180°C/350°F/marca de gaz 4 timp de 25 de minute până când se rumenesc. Lasam sa se raceasca in tava inainte de a le intoarce si taia fasii.

Batoane cu banane cu nuci

Face aproximativ 14

50 g/2 oz/¼ cană unt sau margarină, moale

75 g/3 oz/1/3 cană turnată (superfin) sau zahăr brun moale

2 banane mari, feliate

175 g/6 oz/1½ cani de făină universală

7,5 ml/1½ linguriță praf de copt

2 ouă, bătute

50 g/2 oz/½ cană nuci, tocate grosier

Bateți untul sau margarina și zahărul până devine cremos. Se zdrobesc bananele și se amestecă în amestec. Se amestecă făina și praful de copt. Adăugați făina, ouăle și nucile în amestecul de banane și bateți bine. Se pune intr-o tava de tort unsa si tapetata cu pergament de 18 x 28 cm/7 x 11 cm, se niveleaza suprafata si se coace in cuptorul preincalzit la 160°C/325°F/marca de gaz 3 timp de 30-35 minute pana devine elastic. atingere. Lasam sa se raceasca in tava cateva minute si apoi dam pe un gratar sa se raceasca. Tăiați în aproximativ 14 batoane.

brownie americane

Face aproximativ 15

2 ouă mari

225 g/8 oz/1 cană de zahăr (superfin).

50 g/2 oz/¼ cană unt sau margarină, topit

2,5 ml/½ linguriță esență de vanilie (extract)

75 g/3 oz/¾ cană făină simplă (universal)

45 ml/3 linguri cacao pudra (ciocolata neindulcita)

2,5 ml/½ linguriță praf de copt

Putina sare

50 g/2 oz/½ cană nuci, tocate grosier

Bateți ouăle și zahărul până devin dens și cremos. Incorporati untul si esenta de vanilie. Cerneți făina, cacao, praful de copt și sarea și amestecați în amestecul cu nucile. Se transformă într-o formă de tort pătrată de 20 cm bine unsă. Coaceți într-un cuptor preîncălzit la 180°C/350°F/marca de gaz 4 timp de 40-45 de minute până când devine elastic la atingere. Se lasa in forma 10 minute, apoi se taie patrate si se aseaza pe un gratar cat este inca cald.

Brownies cu ciocolata fudge

Face aproximativ 16

225 g/1 cană unt sau margarină

175 g/6 oz/¾ cană zahăr granulat

350 g/12 oz/3 căni de făină auto-levantă

30 ml/2 linguri pudra de cacao (ciocolata neindulcita)

Pentru glazura (glazura):

175 g/6 oz/1 cană zahăr pudră (de cofetarie), cernut

30 ml/2 linguri pudra de cacao (ciocolata neindulcita)

Apa clocotita

Topiți untul sau margarina și amestecați zahărul granulat. Se amestecă făina și cacao. Presă într-o tavă de copt de 18 x 28 cm/7 x 11 cm tapetată cu hârtie de copt. Coaceți într-un cuptor preîncălzit la 180°C/350°F/gaz marca 4 timp de aproximativ 20 de minute până când devine elastic la atingere.

Pentru a face glazura, cerneti zaharul pudra si cacao intr-un bol si adaugati o picatura de apa clocotita. Amestecați până se omogenizează bine, adăugând o picătură sau ceva mai multă apă dacă este necesar. Înghețați brownies-urile cât sunt încă calde (dar nu fierbinți), lăsați-le să se răcească înainte de a le tăia în pătrate.

Brownies cu nuca si ciocolata

Face 12

50 g/2 oz/½ cană ciocolată neagră (semidulce).

75 g/3 oz/1/3 cană unt sau margarină

225 g/8 oz/1 cană de zahăr (superfin).

75 g/3 oz/¾ cană făină simplă (universal)

75 g/3 oz/¾ cană nuci, tocate

50 g/2 oz/½ cană chipsuri de ciocolată

2 ouă, bătute

2,5 ml/½ linguriță esență de vanilie (extract)

Topiţi ciocolata şi untul sau margarina într-un castron rezistent la căldură peste o tigaie cu apă clocotită. Luaţi de pe foc şi amestecaţi ingredientele rămase. Se pune intr-o tava de tort unsa si tapetata cu unt de 20 cm/8in si se coace in cuptorul preincalzit la 180°C/350°F/gaz 4 timp de 30 de minute pana cand o frigaruie introdusa in centru iese curata. Lasam sa se raceasca in forma si taiem patrate.

Batoane cu unt

Face 16

100 g/4 oz/½ cană unt sau margarină, înmuiată

100 g/4 oz/½ cană de zahăr (superfin).

1 ou, separat

100 g / 4 oz / 1 cană făină simplă (toate scopuri)

25 g/1 oz/¼ cană nuci amestecate tocate

Bateți untul sau margarina și zahărul până devine ușor și pufos. Se amestecă gălbenușul de ou, apoi se amestecă făina și nucile până se înmoaie. Daca este prea tare, adauga putin lapte; dacă curge, mai amestecați puțină făină. Turnați aluatul într-o tavă de rulouri elvețiană de 30 x 20 cm/12 x 8 unsă cu o lingură (tavă pentru jeleu). Bate albusul spumant si imparti-l peste amestec. Coaceți într-un cuptor preîncălzit la 180°C/350°F/marca de gaz 4 timp de 30 de minute până se rumenesc. Se lasa sa se raceasca si se taie in batoane.

Coaceți în tavă de caramel cu cireșe

Face 12

100 g / 4 oz / 1 cană de migdale

225 g/8 oz/1 cană cireșe glacé (confiate), tăiate la jumătate

225 g/1 cană unt sau margarină, moale

225 g/8 oz/1 cană de zahăr (superfin).

3 oua, batute

100 g / 4 oz / 1 cană făină auto-crescătoare

50 g/2 oz/½ cană migdale măcinate

5 ml/1 linguriță praf de copt

5 ml/1 lingurita esenta de migdale (extract)

Presărați migdalele și cireșele peste fundul unei forme de tort de 20 cm unsă și unsă. Topim 50 g de unt sau margarina cu 50 g de zahar si turnam peste cirese si nuci. Bateți restul de unt sau margarina și zahărul până devine ușor și pufos, apoi adăugați ouăle și amestecați făina, migdalele măcinate, praful de copt și esența de migdale. Turnați amestecul în formă și neteziți blatul. Coaceți într-un cuptor preîncălzit la 160°C/325°F/gaz marca 3 timp de 1 oră. Lăsați să se răcească în tavă câteva minute, răsturnați cu grijă pe un grătar și răzuiți orice acoperire de pe hârtia de căptușeală. Lasati sa se raceasca complet inainte de a taia.

Tava cu chipsuri de ciocolata

Face 24

100 g/4 oz/½ cană unt sau margarină, înmuiată

100 g/4 oz/½ cană zahăr brun moale

50 g/2 oz/¼ cană zahăr (superfin).

1 ou

5 ml/1 lingurita esenta de vanilie (extract)

100 g / 4 oz / 1 cană făină simplă (toate scopuri)

2,5 ml/½ linguriță bicarbonat (bicarbonat de sodiu)

Putina sare

100 g / 4 oz / 1 cană chipsuri de ciocolată

Batem untul sau margarina si zaharurile pana devin usoare si pufoase, apoi adaugam treptat oul si esenta de vanilie. Se amestecă făina, bicarbonatul de sodiu și sarea. Se amestecă fulgii de ciocolată. Se pune într-o tavă pătrată de 25 cm/12 unsă cu făină și se coace într-un cuptor preîncălzit la 190°C/375°F/marca de gaz 2 timp de 15 minute până se rumenesc. Se lasa sa se raceasca si se taie in patrate.

Strat de crumble de scorţişoară

Face 12

Pentru baza:

100 g/4 oz/½ cană unt sau margarină, înmuiată

30 ml/2 linguri miere limpede

2 oua, batute usor

100 g / 4 oz / 1 cană făină simplă (toate scopuri)

Pentru crumble:

75 g/3 oz/1/3 cană unt sau margarină

75 g/3 oz/¾ cană făină simplă (universal)

75 g/3 oz/¾ cană fulgi de ovăz

5 ml/1 lingurita scortisoara macinata

50 g/2 oz/¼ cană zahăr demerara

Bateţi untul sau margarina şi mierea până devine uşor şi pufos. Bateţi treptat ouăle şi apoi adăugaţi făina. Pune jumătate din amestec într-o formă pătrată de tort de 8 inchi/20 cm (tavă) şi nivelează suprafaţa.

Pentru a face crumble, frecaţi untul sau margarina în făină până când amestecul seamănă cu pesmet. Se amestecă fulgi de ovăz, scorţişoară şi zahăr. Puneti jumatate din crumble in tava, acoperiti cu amestecul de prajitura ramas, apoi cu crumblele ramas. Coacem in cuptorul preincalzit la 190°C/375°F/gaz marca 5 pentru aproximativ 35 de minute sau pana cand o frigaruie introdusa in centru iese curata. Se lasa sa se raceasca si se taie in batoane.

Batoane lipicioase de scorțișoară

Face 16

225 g/8 oz/2 căni de făină simplă (universal)

10 ml/2 lingurițe praf de copt

225 g/8 oz/1 cană zahăr brun moale

15 ml/1 lingura unt topit

250 ml/8 fl oz/1 cană de lapte

30 ml/2 linguri zahăr demerara

10 ml/2 linguri de scorțișoară măcinată

25 g/2 linguri de unt, racit si taiat cubulete

Se amestecă făina, praful de copt și zahărul împreună. Se amestecă untul topit și laptele și se amestecă bine. Presă amestecul în două forme pătrate de copt de 23 cm/9 (tavi). Stropiți blaturile cu zahăr demerara și scorțișoară, apoi presați bucăți de unt peste suprafață. Coaceți în cuptorul preîncălzit la 180°C/350°F/marca de gaz 4 timp de 30 de minute. Untul va face găuri în amestec și va deveni lipicios pe măsură ce se gătește.

batoane de nucă de cocos

Face 16

75 g/3 oz/1/3 cană unt sau margarină

100 g / 4 oz / 1 cană făină simplă (toate scopuri)

30 ml/2 linguri (superfin) zahăr tos

2 oua

100 g/4 oz/½ cană zahăr brun moale

Putina sare

175 g/6 oz/1½ cani nucă de cocos uscată (mărunțită).

50 g/2 oz/½ cană nuci amestecate tocate

Glazura portocalie

Frecaţi untul sau margarina în făină până când amestecul seamănă cu pesmet. Se amestecă zahărul şi se presează într-o tavă pătrată de 23 cm/9 neunsă (tavă). Coaceţi într-un cuptor preîncălzit la 190°C/350°F/marca de gaz 4 timp de 15 minute până când este gătit.

Se amestecă ouăle, zahărul brun şi sarea, se amestecă nuca de cocos şi nucile şi se întinde pe bază. Coaceţi timp de 20 de minute până când sunt gata şi aurii. Inghetata cu glazura de portocale cand se raceste. Tăiaţi în batoane.

Batoane sandwich cu nucă de cocos și gem

Face 16

25 g/2 linguri de unt sau margarină

175 g/6 oz/1½ cani de făină auto-crescătoare

225 g/8 oz/1 cană de zahăr (superfin).

2 galbenusuri de ou

75 ml/5 linguri apă

175 g/6 oz/1½ cani nucă de cocos uscată (mărunțită).

4 albusuri

50 g/2 oz/½ cană făină simplă (toate scopuri)

100 g/4 oz/1/3 cană gem de căpșuni (conservă)

Frecați untul sau margarina în făina auto-crescătoare și adăugați 50 g de zahăr. Bateți gălbenușurile și 45 ml/3 linguri de apă împreună și amestecați în amestec. Apăsați în fundul unei forme de rulouri elvețiane de 30 x 20 cm/12 x 8 (tava pentru rulouri) și înțepați cu o furculiță. Coaceți în cuptorul preîncălzit la 180°C/350°F/marca de gaz 4 timp de 12 minute. Lasa sa se raceasca.

Punem nuca de cocos, restul de zahar si apa si un albus de ou intr-o cratita si amestecam la foc mic pana cand amestecul devine cocoloase fara sa se rumeneasca. Lasa sa se raceasca. Amestecați făina obișnuită. Bateți albușurile rămase până se întăresc și amestecați-le în amestec. Împărțiți gemul peste fund și întindeți cu topping de nucă de cocos. Coaceți la cuptor timp de 30 de minute până se rumenesc. Se lasa sa se raceasca in forma inainte de a taia in batoane.

Curtal și coacere cu mere

Face 12

1 măr de gătit (plăcintă), curățat de coajă, fără miez și tăiat în bucăți

225 g/11/3 căni de curmale fără sâmburi, tocate

150 ml/¼ pt/2/3 cană de apă

350 g/12 oz/3 căni de fulgi de ovăz

175 g/6 oz/¾ cană unt sau margarină, topit

45 ml/3 linguri zahăr demerara

5 ml/1 lingurita scortisoara macinata

Intr-o cratita se pun merele, curmalele si apa si se fierbe usor aproximativ 5 minute pana cand merele sunt moi. Lasa sa se raceasca. Amestecați fulgii de ovăz, untul sau margarina, zahărul și scorțișoara. Pune jumatate intr-o tava patrata de 20 cm/8in unsa cu unt si niveleaza suprafata. Acoperiți cu amestecul de mere-curmal, acoperiți cu amestecul de ovăz rămas și nivelați suprafața. Apăsați ușor în jos. Coaceți într-un cuptor preîncălzit la 190°C/375°F/marca de gaz 5 timp de aproximativ 30 de minute până se rumenesc. Se lasa sa se raceasca si se taie in batoane.

Felii de curmale

Face 12

225 g/11/3 căni de curmale fără sâmburi, tocate

30 ml/2 linguri miere limpede

30 ml/2 linguri suc de lamaie

225 g/1 cană unt sau margarină

225 g / 8 oz / 2 căni de făină integrală de grâu (integrală).

225 g/8 oz/2 căni de fulgi de ovăz

75 g/3 oz/1/3 cană zahăr brun moale

Fierbeţi curmalele, mierea şi sucul de lămâie la foc mic timp de câteva minute, până când curmalele sunt moi. Frecaţi untul sau margarina în făina şi fulgii de ovăz până când amestecul seamănă cu pesmet, apoi amestecaţi zahărul. Puneti jumatate din amestec intr-o tava patrata de 20 cm/8in tapetata cu pergament. Puneţi deasupra amestecul de curmale şi acoperiţi cu amestecul de prăjitură rămas. Apăsaţi ferm. Coaceţi într-un cuptor preîncălzit la 190°C/375°F/marca de gaz 5 timp de 35 de minute până când devine elastic la atingere. Se lasa sa se raceasca in forma, se taie felii cat inca cald.

Barele de întâlnire ale bunicii

Face 16

100 g/4 oz/½ cană unt sau margarină, înmuiată

225 g/8 oz/1 cană zahăr brun moale

2 oua, batute usor

175 g/6 oz/1½ cani de făină universală

2,5 ml/½ linguriță bicarbonat (bicarbonat de sodiu)

5 ml/1 lingurita scortisoara macinata

Un praf de cuișoare măcinate

Un praf de nucsoara rasa

175 g / 6 oz / 1 cană curmale fără sâmburi, tocate

Bateți untul sau margarina și zahărul până devine ușor și pufos. Adaugam treptat ouale batand bine dupa fiecare adaugare. Se amestecă ingredientele rămase până se omogenizează bine. Se pune intr-o tava patrata de 23 cm/9 unsa cu faina si se coace in cuptorul preincalzit la 180°C/350°F/Marca gaz 4 timp de 25 de minute pana cand o frigarui introdusa in centru iese curata. Se lasa sa se raceasca si se taie in batoane.

Batoane cu curmale și fulgi de ovăz

Face 16

175 g / 6 oz / 1 cană curmale fără sâmburi, tocate

15 ml/1 lingura miere limpede

30 ml/2 linguri apă

225 g / 8 oz / 2 căni de făină integrală de grâu (integrală).

100 g/4 oz/1 cană de ovăz rulat

100 g/4 oz/½ cană zahăr brun moale

150 g/5 oz/2/3 cană unt sau margarină, topit

Fierbeți curmalele, mierea și apa într-o cratiță mică până când curmalele sunt moi. Se amestecă făina, ovăzul și zahărul împreună, apoi se amestecă untul topit sau margarina. Apăsați jumătate din amestec într-o formă pătrată de 18 cm/7 unsă, stropiți cu amestecul de curmale, stropiți cu amestecul de ovăz rămas și apăsați ușor. Coaceți într-un cuptor preîncălzit la 180°C/350°F/marca de gaz 4 timp de 1 oră până când este ferm și auriu. Se lasa sa se raceasca in forma, se taie batoane cat mai calde.

Batoane de curmale și nucă

Face 12

100 g/4 oz/½ cană unt sau margarină, înmuiată

150 g/5 oz/2/3 cană zahăr (superfin).

1 ou, batut usor

100 g / 4 oz / 1 cană făină auto-crescătoare

225 g/11/3 căni de curmale fără sâmburi, tocate

100 g / 4 oz / 1 cană nuci, tocate

15 ml/1 lingura lapte (optional)

100 g/4 oz/1 cană ciocolată neagră (semidulce).

Bateți untul sau margarina și zahărul până devine ușor și pufos. Amestecați oul, apoi făina, curmalele și nucile, adăugați puțin lapte dacă amestecul este prea tare. Se pune într-o tavă elvețiană de 30 x 20 cm/12 x 8 unsă (tava pentru rulouri de jeleu) și se coace într-un cuptor preîncălzit la 180°C/350°F/marca gaz 4 timp de 30 de minute până când devine elastic la atingere. Lasa sa se raceasca.

Topiți ciocolata într-un castron rezistent la căldură peste o tigaie cu apă fierbinte ușor. Se imparte peste amestec si se lasa sa se raceasca si sa se intareasca. Tăiați în fâșii cu un cuțit ascuțit.

Batoane de smochine

Face 16

225 g/8 oz smochine proaspete, tocate

30 ml/2 linguri miere limpede

15 ml/1 lingura suc de lamaie

225 g / 8 oz / 2 căni de făină integrală de grâu (integrală).

225 g/8 oz/2 căni de fulgi de ovăz

225 g/1 cană unt sau margarină

75 g/3 oz/1/3 cană zahăr brun moale

Fierbeți smochinele, mierea și sucul de lămâie la foc mic timp de 5 minute. Lasă ceva să se răcească. Se amestecă făina și fulgii de ovăz, se amestecă cu untul sau margarina și se amestecă zahărul. Apăsați jumătate din amestec într-o formă pătrată de 8 inchi/20 cm unsă și turnați amestecul de smochine peste ea. Acoperiți cu amestecul de prăjitură rămas și apăsați ferm. Coaceți într-un cuptor preîncălzit la 180°C/350°F/marca de gaz 4 timp de 30 de minute până se rumenesc. Se lasa la racit in tava si apoi se taie in felii cat inca este cald.

Flapjacks

Face 16

75 g/3 oz/1/3 cană unt sau margarină

50 g/2 oz/3 linguri de sirop auriu (porumb ușor).

100 g/4 oz/½ cană zahăr brun moale

175 g/6 oz/1½ cani de fulgi de ovaz

Topiți untul sau margarina cu siropul și zahărul și amestecați fulgii de ovăz. Presă într-o tavă pătrată unsă de 20 cm/8 inci și coace în cuptorul preîncălzit la 180°C/350°F/gaz 4 timp de aproximativ 20 de minute până când devine ușor auriu. Se lasa putin sa se raceasca inainte de a feli, apoi se lasa sa se raceasca complet in forma inainte de a se intoarce.

Flapjacks de cireșe

Face 16

75 g/3 oz/1/3 cană unt sau margarină

50 g/2 oz/3 linguri de sirop auriu (porumb ușor).

100 g/4 oz/½ cană zahăr brun moale

175 g/6 oz/1½ cani de fulgi de ovaz

100 g / 1 cană cireșe glacé (confiate), tocate

Topiți untul sau margarina cu siropul și zahărul și amestecați ovăzul și cireșele. Presă într-o formă pătrată de tort unsă de 20 cm/8 inci (tavă) și coace în cuptorul preîncălzit la 180°C/350°F/Gas Mark 4 timp de aproximativ 20 de minute până devine ușor auriu. Se lasa putin sa se raceasca inainte de a feli, apoi se lasa sa se raceasca complet in forma inainte de a se intoarce.

Flapjacks de ciocolată

Face 16

75 g/3 oz/1/3 cană unt sau margarină

50 g/2 oz/3 linguri de sirop auriu (porumb ușor).

100 g/4 oz/½ cană zahăr brun moale

175 g/6 oz/1½ cani de fulgi de ovaz

100 g / 4 oz / 1 cană chipsuri de ciocolată

Topiți untul sau margarina cu siropul și zahărul și adăugați ovăzul și fulgii de ciocolată. Presă într-o tavă pătrată de 20 cm unsă cu grăsime și coace în cuptorul preîncălzit la 180°C/350°F/marca de gaz 4 timp de aproximativ 20 de minute până devine ușor auriu. Se lasa putin sa se raceasca inainte de a feli, apoi se lasa sa se raceasca complet in forma inainte de a se intoarce.

Flapjacks de fructe

Face 16

75 g/3 oz/1/3 cană unt sau margarină

100 g/4 oz/½ cană zahăr brun moale

50 g/2 oz/3 linguri de sirop auriu (porumb ușor).

175 g/6 oz/1½ cani de fulgi de ovaz

75 g/3 oz/½ cană stafide, sultane sau alte fructe uscate

Topiți untul sau margarina cu zahărul și siropul și amestecați ovăzul și stafidele. Presă într-o formă pătrată de tort unsă de 20 cm/8 inci (tavă) și coace în cuptorul preîncălzit la 180°C/350°F/Gas Mark 4 timp de aproximativ 20 de minute până devine ușor auriu. Se lasa putin sa se raceasca inainte de a feli, apoi se lasa sa se raceasca complet in forma inainte de a se intoarce.

Flapjacks cu fructe și nuci

Face 16

75 g/3 oz/1/3 cană unt sau margarină

100 g / 4 oz / 1/3 cană miere limpede

50 g/2 oz/1/3 cană de stafide

50 g/2 oz/½ cană nuci, tocate

175 g/6 oz/1½ cani de fulgi de ovaz

Topiți untul sau margarina cu mierea la foc mic. Se amestecă stafidele, nucile și ovăzul și se amestecă bine. Se pune într-o tavă pătrată de 23 cm/9in unsă și se coace într-un cuptor preîncălzit la 180°C/350°F/marca de gaz 4 timp de 25 de minute. Se lasa sa se raceasca in forma, se taie batoane cat mai calde.

Flapjacks de ghimbir

Face 16

75 g/3 oz/1/3 cană unt sau margarină

100 g/4 oz/½ cană zahăr brun moale

50 g/3 linguri de sirop dintr-un borcan de ghimbir cu tulpină

175 g/6 oz/1½ cani de fulgi de ovaz

4 bucati de ghimbir tulpina, tocate marunt

Topiţi untul sau margarina cu zahărul şi siropul şi amestecaţi ovăzul şi ghimbirul. Presă într-o tavă pătrată de 20 cm unsă cu grăsime şi coace în cuptorul preîncălzit la 180°C/350°F/marca de gaz 4 timp de aproximativ 20 de minute până devine uşor auriu. Se lasa putin sa se raceasca inainte de a feli, apoi se lasa sa se raceasca complet in forma inainte de a se intoarce.

Flapjacks cu nuci

Face 16

75 g/3 oz/1/3 cană unt sau margarină

50 g/2 oz/3 linguri de sirop auriu (porumb ușor).

100 g/4 oz/½ cană zahăr brun moale

175 g/6 oz/1½ cani de fulgi de ovaz

100 g/4 oz/1 cană nuci amestecate tocate

Topiți untul sau margarina cu siropul și zahărul și amestecați ovăzul și nucile. Presă într-o tavă pătrată de 20 cm unsă cu grăsime și coace în cuptorul preîncălzit la 180°C/350°F/marca de gaz 4 timp de aproximativ 20 de minute până devine ușor auriu. Se lasa putin sa se raceasca inainte de a feli, apoi se lasa sa se raceasca complet in forma inainte de a se intoarce.

Tartă Scurtă Lămâie

Face 16

100 g / 4 oz / 1 cană făină simplă (toate scopuri)

100 g/4 oz/½ cană unt sau margarină, înmuiată

75 g/3 oz/½ cană zahăr pudră (cofetarii), cernut

2,5 ml/½ linguriță praf de copt

Putina sare

30 ml/2 linguri suc de lamaie

10 ml/2 lingurițe coaja de lămâie rasă

Se amestecă făina, untul sau margarina, zahărul pudră și praful de copt. Presă într-o formă pătrată de tort de 23 cm/9in unsă și coace în cuptorul preîncălzit la 180°C/350°F/marca de gaz 4 timp de 20 de minute.

Se amestecă restul ingredientelor și se bat până devine uşor și pufos. Se pune peste baza fierbinte, se reduce temperatura cuptorului la 160°C/325°F/marcă de gaz 3 și se întoarce la cuptor pentru încă 25 de minute, până când devine elastic la atingere. Se lasa sa se raceasca si se taie in patrate.

Mocha și pătrate de nucă de cocos

Face 20

1 ou

100 g/4 oz/½ cană de zahăr (superfin).

100 g / 4 oz / 1 cană făină simplă (toate scopuri)

10 ml/2 lingurițe praf de copt

Putina sare

75 ml/5 linguri lapte

75 g/3 oz/1/3 cană unt sau margarină, topit

15 ml/1 lingura pudra de cacao (ciocolata neindulcita)

2,5 ml/½ linguriță esență de vanilie (extract)

Pentru topping:

75 g/3 oz/½ cană zahăr pudră (cofetarii), cernut

50 g/2 oz/¼ cană unt sau margarină, topit

45 ml/3 linguri cafea neagră tare fierbinte

15 ml/1 lingura pudra de cacao (ciocolata neindulcita)

2,5 ml/½ linguriță esență de vanilie (extract)

25 g/1 oz/¼ cană nucă de cocos uscată (mărunțită).

Bateți ouăle și zahărul împreună până devin ușoare și pufoase. Se amestecă făina, praful de copt și sarea alternativ cu laptele și untul topit sau margarina. Se amestecă cacao și esența de vanilie. Puneti amestecul intr-o tava patrata de 20 cm/8in unsa si coaceti in cuptorul preincalzit la 200°C/400°F/Marca de gaz 6 timp de 15 minute pana se ridica bine si este elastic la atingere.

Pentru topping se amestecă zahărul pudră, untul sau margarina, cafeaua, cacao și esența de vanilie. Se imparte peste prajitura calda si se presara cu nuca de cocos. Se lasa sa se raceasca in tava, se rastoarna si se taie patrate.

Bună Dolly Cookies

Face 16

100 g/4 oz/½ cană unt sau margarină

100 g / 1 cană biscuiți digestiv

(Fisicituri de biscuiți Graham

100 g / 4 oz / 1 cană chipsuri de ciocolată

100 g / 4 oz / 1 cană nucă de cocos uscată (mărunțită).

100 g / 4 oz / 1 cană nuci, tocate

400 g/14 oz/1 cutie mare de lapte condensat

Topiţi untul sau margarina şi amestecaţi pesmeturile de biscuiţi. Presă amestecul pe fundul unei forme de tort de 28 x 18 cm/11 x 7 unsă şi tapetată cu folie. Se presară fulgii de ciocolată, apoi nuca de cocos şi la final nucile. Se toarna peste laptele condensat si se coace in cuptorul preincalzit la 180°C/350°F/gaz marca 4 timp de 25 de minute.Se taie fasii cat este inca cald si se lasa sa se raceasca complet.

Batoane cu nucă de cocos și ciocolată

Face 12

75 g/3 oz/¾ cană ciocolată cu lapte

75 g/3 oz/¾ cană ciocolată neagră (semidulce).

75 g/3 oz/1/3 cană unt de arahide crocant

75 g/3 oz/¾ cană de biscuiți digestivi (biscuiți Graham).

75 g/3 oz/¾ cană nuci, zdrobite

75 g/3 oz/¾ cană nucă de cocos uscată (mărunțită).

75 g/3 oz/¾ cană ciocolată albă

Topiți ciocolata cu lapte într-un castron termorezistent peste o tigaie cu apă fierbinte ușor. Se întinde pe fundul unei forme pătrate de copt de 23 cm/7 și se lasă să se întărească.

Topiți ușor ciocolata neagră și untul de arahide la foc mic, apoi adăugați firimiturile de prăjituri, nucile și nuca de cocos. Se intinde peste ciocolata calita si se lasa sa se raceasca pana se fixeaza.

Topiți ciocolata albă într-un castron rezistent la căldură peste o tigaie cu apă fierbinte ușor. Presărați fursecurile într-un model, lăsați-le să se întărească înainte de a le tăia în batoane.

Pătrate cu nuci

Face 12

75 g/3 oz/¾ cană ciocolată neagră (semidulce).

50 g/2 oz/¼ cană unt sau margarină

100 g/4 oz/½ cană de zahăr (superfin).

2 oua

5 ml/1 lingurita esenta de vanilie (extract)

75 g/3 oz/¾ cană făină simplă (universal)

2,5 ml/½ linguriță praf de copt

100 g/4 oz/1 cană nuci amestecate tocate

Topiți ciocolata într-un castron termorezistent peste o tigaie cu apă clocotită. Se amestecă untul până se topește, apoi se amestecă zahărul. Se ia de pe foc si se bat ouale si esenta de vanilie. Încorporați făina, praful de copt și nucile. Puneti amestecul intr-o tava patrata de 25 cm/10 unsa si coaceti in cuptorul preincalzit la 180°C/350°F/Gas Mark 4 timp de 15 minute pana se rumenesc. Tăiați în pătrate mici cât sunt încă calde.

Felii de portocale pecan

Face 16

375 g/13 oz/3¼ cani de făină simplă (universal)

275 g/10 oz/1¼ cani (superfin) zahăr tos

5 ml/1 linguriță praf de copt

75 g/3 oz/1/3 cană unt sau margarină

2 ouă, bătute

175 ml/6 fl oz/¾ cană de lapte

200 g/7 oz/1 cutie mica de mandarine, scurse si tocate grosier

100 g / 4 oz / 1 cană nuci pecan, tocate

Coaja rasa fin a 2 portocale

10 ml/2 linguri de scorțișoară măcinată

Amestecați 325 g/12 oz/3 căni de făină, 225 g/8 oz/1 cană de zahăr și praful de copt. Se topesc 50 g unt sau margarina si se amesteca ouale si laptele. Amestecați ușor lichidul în ingredientele uscate până la omogenizare. Încorporați mandarinele, nucile pecan și coaja de portocală. Se toarnă într-o tavă de copt unsă și tapetată cu pergament de 30 x 20 cm/12 x 8 cm. Frecați făina rămasă, zahărul, untul și scorțișoara și presărați peste prăjitură. Coaceți în cuptorul preîncălzit la 180°C/350°F/marca de gaz 4 timp de 40 de minute până se rumenesc. Se lasa sa se raceasca in tava si se taie in aproximativ 16 felii.

Parkin

Face 16 pătrate

100 g/4 oz/½ cană untură (scurtare)

100 g/4 oz/½ cană unt sau margarină

75 g/3 oz/1/3 cană zahăr brun moale

100 g / 4 oz / 1/3 cană sirop auriu (porumb ușor).

100 g / 4 oz / 1/3 cană melasă neagră (melasă)

10 ml/2 lingurite bicarbonat (bicarbonat de sodiu)

150 ml/¼ pt/2/3 cană lapte

225 g / 8 oz / 2 căni de făină integrală de grâu (integrală).

225 g/8 oz/2 căni de fulgi de ovăz

10 ml/2 lingurițe pudră de ghimbir

2,5 ml/½ linguriță sare

Se topește untura, untul sau margarina, zahărul, siropul și melasă într-o cratiță. Dizolvați bicarbonatul în lapte și amestecați în tigaie cu celelalte ingrediente. Se pune intr-o tava patrata de 20 cm/8in tapetata cu pergament si se coace intr-un cuptor preincalzit la 160°C/325°F/marca gaz 3 timp de 1 ora pana se fixeaza. Se poate scufunda la mijloc. Lăsați-l să se răcească și păstrați într-un recipient ermetic timp de câteva zile înainte de a tăia pătrate și de a servi.

Batoane cu unt de arahide

Face 16

100 g / 4 oz / 1 cană unt sau margarină

175 g/6 oz/1¼ cani de făină universală

175 g/6 oz/¾ cană zahăr brun moale

75 g/3 oz/1/3 cană unt de arahide

Putina sare

1 galbenus de ou mic, batut

2,5 ml/½ linguriță esență de vanilie (extract)

100 g/4 oz/1 cană ciocolată neagră (semidulce).

50 g/2 oz/2 căni de cereale de orez umflat

Frecați untul sau margarina în făină până când amestecul seamănă cu pesmet. Se amestecă zahărul, 30 ml/2 linguri de unt de arahide și sare. Se amestecă gălbenușul de ou și esența de vanilie și se amestecă până se omogenizează bine. Presă într-o formă pătrată de tort de 25 cm/10 cm. Coaceți în cuptorul preîncălzit la 160°C/325°F/gaz 3 timp de 30 de minute până când crește și devine elastic la atingere.

Topiți ciocolata într-un castron termorezistent peste o tigaie cu apă clocotită. Luați de pe foc și adăugați untul de arahide rămas. Se amestecă cerealele și se amestecă bine până când se îmbină cu amestecul de ciocolată. Se pune peste tort și se nivelează suprafața. Se lasa sa se raceasca, se raceste si se taie in batoane.

Felii de picnic

Face 12

225 g/8 oz/2 căni de ciocolată neagră (semidulce).

50 g/2 oz/¼ cană unt sau margarină, moale

100 g/4 oz/½ cană zahăr tos

1 ou, batut usor

100 g / 4 oz / 1 cană nucă de cocos uscată (mărunțită).

50 g/2 oz/1/3 cană sultane (stafide aurii)

50 g/2 oz/¼ cană cireșe glacé (confiate), tocate

Topiţi ciocolata într-un castron rezistent la căldură peste o tigaie cu apă fierbinte uşor. Se toarnă în fundul unei forme elveţiane de 30 x 20 cm/12 x 8 unsă şi tapetată (tavă pentru rulouri de jeleu). Bateţi untul sau margarina şi zahărul până devine uşor şi pufos. Adăugaţi treptat oul, apoi amestecaţi nuca de cocos, sultanele şi cireşele. Se intinde peste ciocolata si se coace in cuptorul preincalzit la 150°C/300°F/marca de gaz 3 timp de 30 de minute pana se rumenesc. Se lasa sa se raceasca si se taie in batoane.

Batoane cu ananas și nucă de cocos

Face 20

1 ou

100 g/4 oz/½ cană de zahăr (superfin).

75 g/3 oz/¾ cană făină simplă (universal)

5 ml/1 linguriță praf de copt

Putina sare

75 ml/5 linguri apă

Pentru topping:

200 g/7 oz/1 cutie mică de ananas, scurs și tocat mărunt

25 g/2 linguri de unt sau margarină

50 g/2 oz/¼ cană zahăr (superfin).

1 galbenus de ou

25 g/1 oz/¼ cană nucă de cocos uscată (mărunțită).

5 ml/1 lingurita esenta de vanilie (extract)

Bateți oul și zahărul până când sunt ușor și palid. Adăugați făina, praful de copt și sarea alternativ cu apa. Se pune intr-o tava patrata de 18 cm/7 unsa cu faina si se coace in cuptorul preincalzit la 200°C/400°F/gaz marcaj 6 timp de 20 de minute, pana cand a crescut bine si elastic la atingere. Peste prăjitura caldă puneți ananasul. Încinge ingredientele rămase pentru topping într-o cratiță mică la foc mic, amestecând constant, până se omogenizează bine, fără a fierbe amestecul. Deasupra punem ananasul cu lingura si dam prajitura la cuptor pentru inca 5 minute pana cand toppingul devine maro auriu. Lăsați-le să se răcească în tavă timp de 10 minute, apoi turnați-le pe un grătar să se răcească înainte de a le tăia în batoane.

Tort cu drojdie de prune

Face 16

15 g/½ oz drojdie proaspătă sau 20 ml/4 lingurițe drojdie uscată

50 g/2 oz/¼ cană zahăr (superfin).

150 ml/¼ pt/2/3 cană lapte cald

50 g/2 oz/¼ cană unt sau margarină, topit

1 ou

1 galbenus de ou

250 g/9 oz/2¼ cani de făină simplă (universal)

5 ml/1 lingurita coaja de lamaie rasa fin

675 g prune, tăiate în sferturi și fără sâmburi (sâmbure)

Zahăr pudră (de cofetarie), cernut, pentru pudrat

Scorțișoară măcinată

Se amestecă drojdia cu 5 ml/1 linguriță de zahăr și puțin lapte cald și se lasă la spumă la loc cald timp de 20 de minute. Bateți zahărul și laptele rămase cu untul sau margarina topit, oul și gălbenușul de ou. Amestecați făina și coaja de lămâie într-un castron și faceți un godeu în centru. Se amestecă treptat amestecul de drojdie și amestecul de ouă pentru a forma un aluat moale. Bateți până când aluatul este foarte neted și încep să se formeze bule la suprafață. Presă cu grijă într-o formă pătrată de 25 cm/10 unsă cu făină. Puneți prunele uscate strâns una de cealaltă deasupra aluatului. Acoperiți cu folie alimentară unsă (folie de plastic) și lăsați la loc cald timp de 1 oră până își dublează volumul. Se introduce in cuptorul preincalzit la 200°C/400°F/gaz marca 6, apoi reduceți imediat temperatura cuptorului la 190°C/375°F/marca de gaz 5 și coaceți timp de 45 de minute. Reduceți temperatura cuptorului înapoi la 180°C/350°F/marca de gaz 4 și coaceți încă 15 minute până când devine maro auriu. Pudrați tortul cu zahăr pudră și scorţişoară cât este încă fierbinte, lăsaţi-l să se răcească şi tăiaţi-l în pătrate.

Batoane americane cu dovleac

Face 20

2 oua

175 g/6 oz/¾ cană zahăr (superfin).

120 ml/4 fl oz/½ cană de ulei

225 g dovleac fiert, tăiat cubulețe

100 g / 4 oz / 1 cană făină simplă (toate scopuri)

5 ml/1 linguriță praf de copt

5 ml/1 lingurita scortisoara macinata

2,5 ml/½ linguriță bicarbonat (bicarbonat de sodiu)

50 g/2 oz/1/3 cană sultane (stafide aurii)

Glazura cu crema de branza

Bateți ouăle până devin ușoare și pufoase, apoi adăugați zahărul și uleiul și amestecați dovleacul. Se amestecă făina, praful de copt, scorțișoara și bicarbonatul de sodiu până se omogenizează bine. Se amestecă sultanele. Turnați amestecul într-o tavă elvețiană de 30 x 20 cm/12 x 8 unsă și înfăinată (tava pentru rulouri de jeleu) și coaceți în cuptorul preîncălzit la 180°C/350°F/marca de gaz 4 timp de 30 de minute până când se formează o frigărui. introdus introdus in centru iese curat. Se lasa sa se raceasca, se intinde cu glazura de branza si se taie batoane.

Batoane de gutui și migdale

Face 16

450 g gutui

50 g/2 oz/¼ cană untură (scurtare)

50 g/2 oz/¼ cană unt sau margarină

100 g / 4 oz / 1 cană făină simplă (toate scopuri)

30 ml/2 linguri (superfin) zahăr tos

Aproximativ 30 ml/2 linguri de apă

Pentru umplutura:

75 g/3 oz/1/3 cană unt sau margarină, moale

100 g/4 oz/½ cană de zahăr (superfin).

2 oua

Câteva picături de esență de migdale (extract)

100 g / 4 oz / 1 cană migdale măcinate

25 g/1 oz/¼ cană făină simplă (universal)

50 g/2 oz/½ cană de migdale tăiate

Curățați, sâmburele și tăiați gutuile în felii subțiri. Puneți într-o cratiță și acoperiți doar cu apă. Se aduce la fierbere și se fierbe timp de aproximativ 15 minute până se înmoaie. Scurgeți orice exces de apă.

Frecați untura și untul sau margarina în făină până când amestecul seamănă cu pesmet. Se amestecă zahărul. Adăugați suficientă apă pentru a se amesteca într-un aluat moale, întindeți-l pe o suprafață ușor înfăinată și tapetați fundul și părțile laterale ale unei tavațe elvețiane de 30 x 20 cm (tavă cu jeleu). Înțepați peste tot cu o furculiță. Împărțiți gutuile peste aluat cu o lingură.

Crema untul sau margarina si zaharul, apoi batem treptat ouale si esenta de migdale. Incorporati migdalele macinate si faina si turnati cu lingura peste gutui. Presărați migdalele tăiate deasupra și coaceți într-un cuptor preîncălzit la 180°C/350°F/marca de gaz 4 timp de 45 de minute până când sunt ferm și aurii. Tăiați în pătrate când se răcește.

Batoane cu stafide

Face 12

175 g/6 oz/1 cană stafide

250 ml/8 fl oz/1 cană de apă

75 ml/5 linguri ulei

225 g/8 oz/1 cană de zahăr (superfin).

1 ou, batut usor

200 g/7 oz/1¾ cani de făină simplă (toate scopuri)

1,5 ml/¼ linguriță sare

5 ml/1 lingurita bicarbonat (bicarbonat de sodiu)

5 ml/1 lingurita scortisoara macinata

2,5 ml/½ linguriță nucșoară rasă

2,5 ml/½ linguriță ienibahar măcinat

Un praf de cuișoare măcinate

50 g/2 oz/½ cană chipsuri de ciocolată

50 g/2 oz/½ cană nuci, tocate

30 ml/2 linguri zahăr pudră (cofetarie), cernut

Aduceți stafidele și apa la fiert, apoi adăugați uleiul, luați de pe foc și răciți puțin. Se amestecă zahărul tos și oul. Se amestecă făina, sarea, bicarbonatul de sodiu și condimentele. Se amestecă cu amestecul de stafide și se amestecă bucățile de ciocolată și nucile. Se pune într-o formă pătrată de 12 inchi/30 cm unsă și se coace în cuptorul preîncălzit la 190°C/375°F/marca de gaz 5 timp de 25 de minute, până când prăjitura începe să se strângă de pe părțile laterale ale formei. Se lasa sa se raceasca inainte de a pudra cu zahar pudra si taia fasii.

CPSIA information can be obtained
at www.ICGtesting.com
Printed in the USA
LVHW032002220323
742311LV00014B/1070

9 781783 811571